Elsbeth Bihler

Symbolkreis
»Weg«

Arbeitsblätter
für die Grundschule

Reihe
»Kreativer Religionsunterricht«

Lahn-Verlag Limburg

Die Deutsche Bibliothek – CIP-Einheitsaufnahme

Ein Titelsatz für diese Publikation ist bei
Der Deutschen Bibliothek erhältlich

Quellennachweis

Wir danken den Verlagen und Rechteinhabern für die uns freundlicherweise
erteilten Abdrduckgenehmigungen.

11/12: Gianni Rodari, Das fabelhafte Telefon. Wahre Lügengeschichten, aus dem Italienischen
von Marianne Schneider, Verlag Klaus Wagenbach. Berlin 1997.
16: Die Brücke von Stein aus: Gottfried Wolters, Das singende Jahr, © Möseler Verlag, Wolfen-
büttel; Brückenlied aus: Heut ist ein Tag, an dem ich singen kann 2, Rechte im Menschenkinder
Verlag, Münster.
17: Dietrich Steinwede / Sabine Ruprecht (Hrsg.), Vorlesebuch Religion 1, Verlag Ernst Kaufmann, Lahr / Vandenhoeck & Rupprecht, Göttingen.
21: Lied: Rechte beim Autor.
23 – 26: Abbildungen aus: Gernot Candolini, Labyrinthe, Pattloch-Verlag, Augsburg 1999.
32: © VG Bild-Kunst, Bonn 2000.
34: Lied aus: Licht auf meinem Weg, Rechte im Menschenkinder Verlag, Münster.
36: aus: Michael Ende, Momo, © by K. Thienemanns Verlag, Stuttgart-Wien.
39: Erhard Domay (Hrsg.), Vorlesebuch Symbole, Verlag Ernst Kaufmann, Lahr / Patmos Verlag,
Düsseldorf 1989.
41: Antoine de Saint-Exupéry, Der Kleine Prinz, 1956, © Karl Rauch Verlag, Düsseldorf; Martin
Buber, Die Erzählungen der Chassidim, 1949 © Manesse Verlag, Zürich; Lied aus: Mosaik 186,
Manchmal am Tage, Rechte beim Fidula-Verlag, Boppard.
44: © VG Bild-Kunst, Bonn 2000; Lied aus: Kommt alle und seid froh, 1982, Rechte im Peter
Janssens Musik Verlag, Telgte.
52: Walter Habdank, 24 Holzschnitte zur Bibel, © Kösel-Verlag, München 1978.
56: Rechte: Editions Musicales, Paris, für die Übersetzung: tvd-Verlag, Düsseldorf.
60: © Rolf Krenzer; Lied aus: Wir feiern heut ein Fest, Rechte im Impulse Musikverlag, Dren-
steinfurt.
62: Hubertus Halbfas, Religionsbuch für das 3. Schuljahr, Patmos Verlag, Düsseldorf 1985.
65: Psalm 91 aus: Einheitsübersetzung der Heiligen Schrift, © Katholische Bibelanstalt, Stuttgart
1980.
66: Seewald Bilderbibel, Verlag Herder, Freiburg, o. J., Rechte: Stiftungsrat der Richard- und Uli-
Seewald-Stiftung, Ascona.
67: Lied aus: Viele kleine Leute, Rechte beim Menschenkinder Verlag, Münster.
68: Liedrechte unbekannt.

© 2000 Lahn-Verlag, Limburg
Lektorat: Dr. Stefan Ohnesorge, Anne Voorhoeve
Umschlaggestaltung und Layout: Jürgen Weber, Limburg
Umschlagfoto: Doris Klees-Jorde
Umschlaglitho: Limburger Offsetdruck
Zeichnungen: Gisa Gericke, Wiesbaden
Notensatz: Nikolaus Veeser, Schallstadt
Satz: Schröder Media, Dernbach
Druck und Bindung: Bonifatius, Paderborn
Printed in Germany

Mit dem Kauf des Arbeitshefts wird die Genehmigung zur Kopie
der Arbeitsblätter für den Unterrichtsgebrauch erteilt.
Ansonsten kann ein Abdruck nur mit Genehmigung des Verlags erfolgen.

ISBN 3-7840-3190-0

Inhalt

Vorwort

Symbole und ihre Deutung bilden die Grundlage für jegliches religiöse Tun des Menschen. Sie vermitteln ihm einen Zugang zum Göttlichen, lassen zeichenhaft erahnen, was es mit Gott auf sich hat. Deshalb dürfen sie in der religionspädagogischen Arbeit nicht fehlen.

Nachdem die vielfältigen Anregungen in den fünf Bänden der Reihe »Symbole des Lebens – Symbole des Glaubens« (1992–1997) große Resonanz erfahren haben, wurde der Wunsche geäußert, zu diesen Symbolen auch ganz konkrete Arbeitsblätter für den Religionsunterricht in der Grundschule bereitzustellen.

Dem ersten Arbeitsheft zum Symbolkreis »Licht« (ISBN 3-7840-3174-9) folgt nun das zweite zum Ursymbol »Weg«. Es widmet sich vielen Themen, die mit diesem Symbol im Zusammenhang stehen: dem Ursymbol Weg an sich, den Wegsymbolen Brücke, Spirale und Labyrinth. Dem Kirchenjahr folgend enthält der Abschnitt »Der Weg im Jahreskreis« neben dem Blick auf den ganzen Jahreslauf auch Elemente für die Advents-, Fasten- und Osterzeit. Danach wird der Weg als Symbol des eigenen Lebens thematisiert und weitergeführt zu Fragestellungen wie Entscheidungen treffen an Wegkreuzungen, Wegweiser für das eigene Leben und Umkehrwege finden, wenn man in die Irre gegangen ist. In den folgenden Abschnitten wird verdeutlicht, dass wir als Einzelne, aber auch als Volk Gottes mit Gott und Jesus unterwegs sind, dass wir dabei Wegbegleiter und Gottes Segen benötigen.

Das Arbeitsheft besteht wiederum aus den beiden Hauptteilen »Arbeitsblätter« (mit Geschichten, Rätseln, Bastel- und Ausmalvorlagen, Liedern usw.) und »Kommentar« (Gestaltungsvorschläge, Anregungen und Erläuterungen zu jedem Arbeitsblatt). Der Auswahl der biblischen Texte und der Themen wurden die Richtlinien für Katholischen Religionsunterricht an Grundschulen zugrunde gelegt. Eine Entscheidung, in welchem Schuljahr die einzelnen Arbeitsblätter eingesetzt werden, bleibt jeder Lehrerin / jedem Lehrer selbst überlassen.

Ich wünsche allen, die sich mit der Weitergabe des Glaubens in Religionsunterricht und Katechese beschäftigen, viel Mut und Durchhaltevermögen und hoffe, mit diesem Arbeitsheft (weitere sind in Vorbereitung) einen Beitrag zu einem lebendigen Religionsunterricht an der Grundschule zu leisten.

Elsbeth Bihler

A 1

Weg (Mandala)

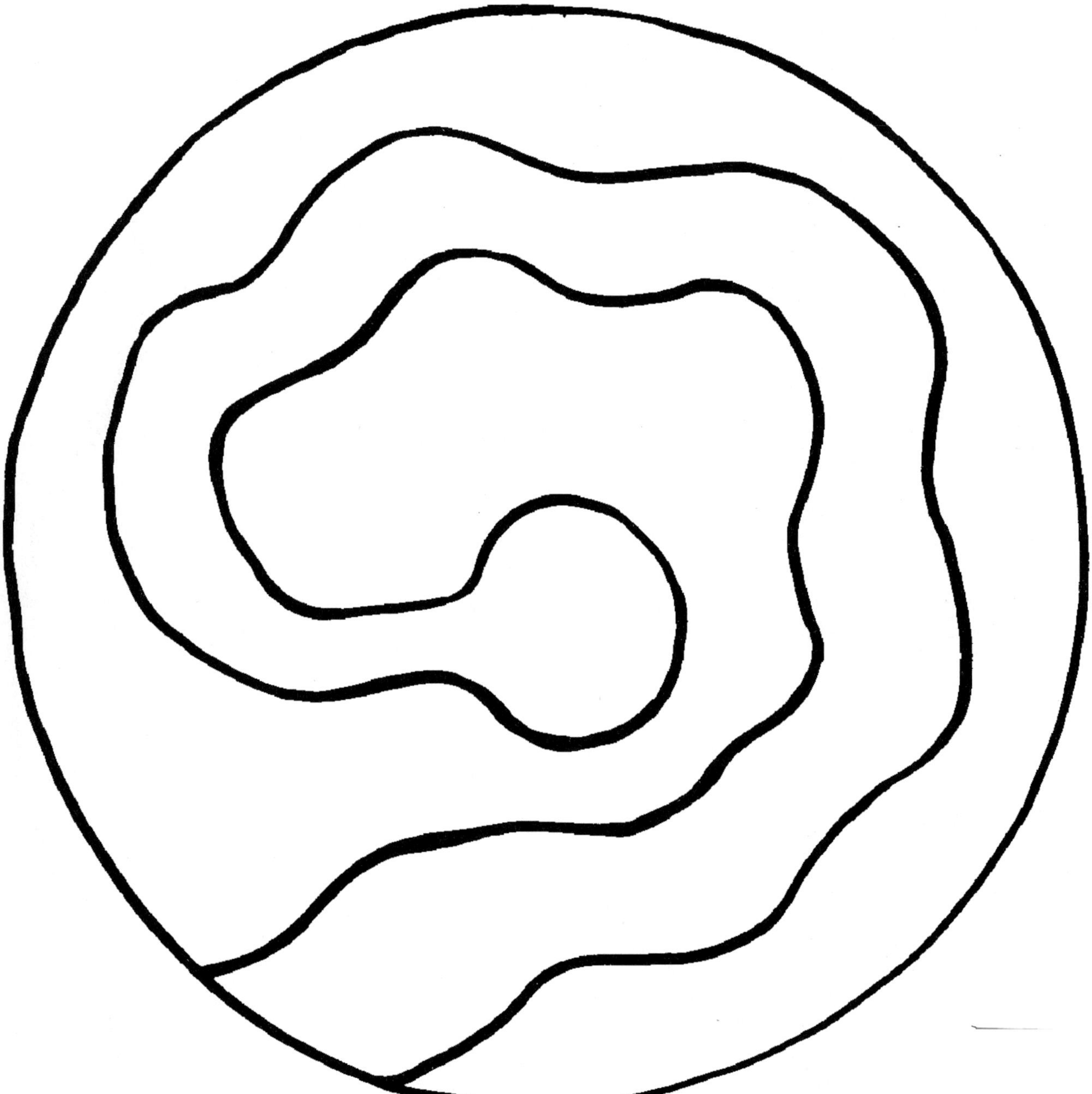

Gestalte diesen Weg mit Landschaften, Häusern und allem, was dir so auf deinem Weg begegnen kann.

A 2

Weg – Worte

Schreibe in diesen Weg alle Worte hinein, die dir
im Zusammenhang mit Worten wie Weg / Straße
usw. einfallen. (Ein Anfang ist schon gemacht.)

gehen

Wegweiser

Schulweg

A 3

Unterschiedliche Wege

● Schreibe die Wegbezeichnungen »Waldweg / Feldweg / Straße / Landstraße / Autobahn / Eisenbahnschienen« unter die einzelnen Bilder.

● Wer geht auf diesen Wegen und Straßen? Male oder schreibe es auf.

A 4

Jeder Weg hat einen Anfang und ein Ende

Jeder Weg hat einen Anfang.
Jeder Weg hat ein Ende.
Das ist gewiss.
Was dazwischen liegt
ist ungewiss.
Jeder Weg ist anders.
Unterwegs sein heißt leben.
Wo beginnt dein Weg?
Wo willst du hin?

- Male zwischen Start und Ziel einen Weg mit vielen Windungen.
- Stell dir vor, wo der Weg beginnt und wo er endet. Schreibe das jeweils neben Start und Ziel.
- Was begegnet dir unterwegs? Male es auf oder in deinen Weg.

A 5

Meine Wege

Male oder schreibe in die einzelnen Kästchen die
Wege, die du öfters gehst: am Tag, in der Woche,
in deiner Freizeit. In den Kreis in der Mitte malst
du deinen Lieblingsweg.

A 6

Die Straße, die an keinen Ort führt

Am Ende des Dorfes gingen drei Straßen auseinander: Die eine führte zum Meer, die andere in die Stadt und die dritte führte an keinen Ort.

Das wusste der kleine Martino, denn er hatte alle einmal danach gefragt, und von allen hatte er dieselbe Antwort bekommen: »Die Straße da? Die geht nirgends hin. Die braucht man gar nicht zu gehen.«

»Aber warum hat man sie dann gebaut?«

»Die hat doch niemand gebaut, die war schon immer da.«

»Aber hat denn schon mal einer nachgesehen?«

»Ein schöner Dickschädel bist du: Wenn wir dir doch alle sagen, dass es nichts zu sehen gibt ...«

»Das könnt ihr nicht wissen, wenn ihr nie dort gewesen seid.«

Weil er so hartnäckig war, nannten ihn alle »Martino, den Dickschädel«, aber das machte ihm nichts aus.

Als er so groß war, dass er alleine über die Straße gehen konnte, stand er eines Morgens zeitig auf, ging aus dem Dorf und lief die geheimnisvolle Straße entlang. Ihr Boden war voller Löcher und Unkraut, aber zum Glück hatte es lange nicht geregnet, und so waren keine Pfützen da. Rechts und links zog sich eine Hecke entlang, aber schon begannen die Wälder. Die Äste der Bäume verflochten sich über der Straße und bildeten eine dunkle, kühle Galerie, durch die nur da und dort ein Sonnenstrahl drang wie das Licht eines Lämpchens.

Er ging und ging und die Straße nahm kein Ende, Martino taten die Füße weh, und schon begann er zu denken, er täte wohl gut daran umzukehren.

- Malt in den Kasten das Dorf mit den drei Straßen und kennzeichnet die Straße, die an keinen Ort führt.

- Versucht die Geschichte weiterzuerzählen:
  Kehrt Martino um?
  Geht er weiter?
  Was erlebt er?

(Und so geht die Geschichte tatsächlich weiter:)

Da sah Martino auf einmal einen Hund.
»Wo ein Hund ist, da ist auch ein Haus«, überlegte Martino, »oder zumindest ein Mensch.«
Der Hund lief ihm schwänzelnd entgegen und leckte ihm die Hand, dann ging er auf der Straße weiter und schaute bei jedem Schritt nach hinten, um nachzusehen, ob Martino ihm noch folgte.
»Ich komme schon, ich komme«, sagte Martino, der neugierig geworden war. Schließlich begann sich der Wald zu lichten, und in der Höhe erschien wieder der Himmel, und die Straße endete vor einem großen Gittertor.
Durch die Stäbe sah Martino ein Schloss, dessen Türen und Fenster sperrangelweit offen standen, und aus allen Kaminen kam Rauch, und von einem Balkon winkte eine wunderschöne Dame und rief vergnügt: »Komm herein, Martino!«
Sieh mal an, freute sich Martino, ich wusste nicht, ob ich ankommen würde, aber sie schon.
Er stieß das Gittertor auf, ging durch den Park und trat gerade zur rechten Zeit in den Schlosssaal, um sich vor der schönen Dame zu verneigen, die die große Treppe herunterkam. Sie war noch viel schöner angezogen als alle Feen und Prinzessinnen und außerdem war sie lustig und lachte: »Dann hast du's also nicht geglaubt.«
»Was?«
»Die Geschichte von der Straße, die an keinen Ort führt.«
»Die war zu dumm und nach meiner Meinung gibt es sowieso mehr Orte als Straßen.«
»Freilich, man braucht nur Lust zu haben, anderswo hinzugehen. Jetzt komm, ich will dir das Schloss zeigen!«
Es hatte über hundert Säle, voll gestopft mit Schätzen aller Art wie die Märchenschlösser. Es gab Diamanten, Edelsteine, Gold und Silber, und

Male hierhin das schöne Schloss.

die schöne Dame sagte in einem fort: »Nimm nur alles, was du willst. Ich leihe dir einen Wagen, damit du nicht zu schwer tragen musst.«
Ihr könnt euch vorstellen, dass sich Martino nicht zwei Mal bitten ließ. Der Wagen war voll, als er wieder aufbrach. Auf dem Kutschbock saß der Hund, denn es war ein gezähmter Hund, der die Zügel halten und die Pferde anbellen konnte, wenn sie vor sich hin dösten und vom Weg abkamen.

Male hierhin den Wagen
mit den vielen Schätzen.

Im Dorf hatte man Martino, den Dickschädel, schon für tot gehalten, daher empfing man ihn mit der größten Überraschung. Der Hund lud alle seine Schätze auf dem Dorfplatz ab, wedelte zum Abschied zwei Mal mit dem Schwanz, stieg wieder auf den Kutschbock und verschwand im Nu in einer Staubwolke. Martino machte allen, Freunden und Feinden, große Geschenke, und hundert Mal musste er sein Abenteuer erzählen, und jedes Mal lief jemand nach Hause, um Pferd und Wagen zu holen, und fuhr Hals über Kopf auf die Straße, die an keinen Ort führte.
Aber noch am selben Abend kamen sie einer nach dem anderen wieder zurück, mit langen Gesichtern vor Ärger: Nach ihrer Meinung ging die Straße mitten im Wald, an einer dichten Mauer von Bäumen und in einem endlosen Dornengestrüpp zu Ende. Es gab weder ein Gittertor noch ein Schloss, noch eine schöne Dame. Denn manche Schätze gibt es nur für den, der sich als erster auf eine neue Straße wagt, und der erste war Martino gewesen.

Nach Gianni Rodari (gekürzt)

Versucht einige Gründe zu nennen, warum die Leute aus dem Dorf das Schloss nie fanden.

A 7

Brücke (Mandala)

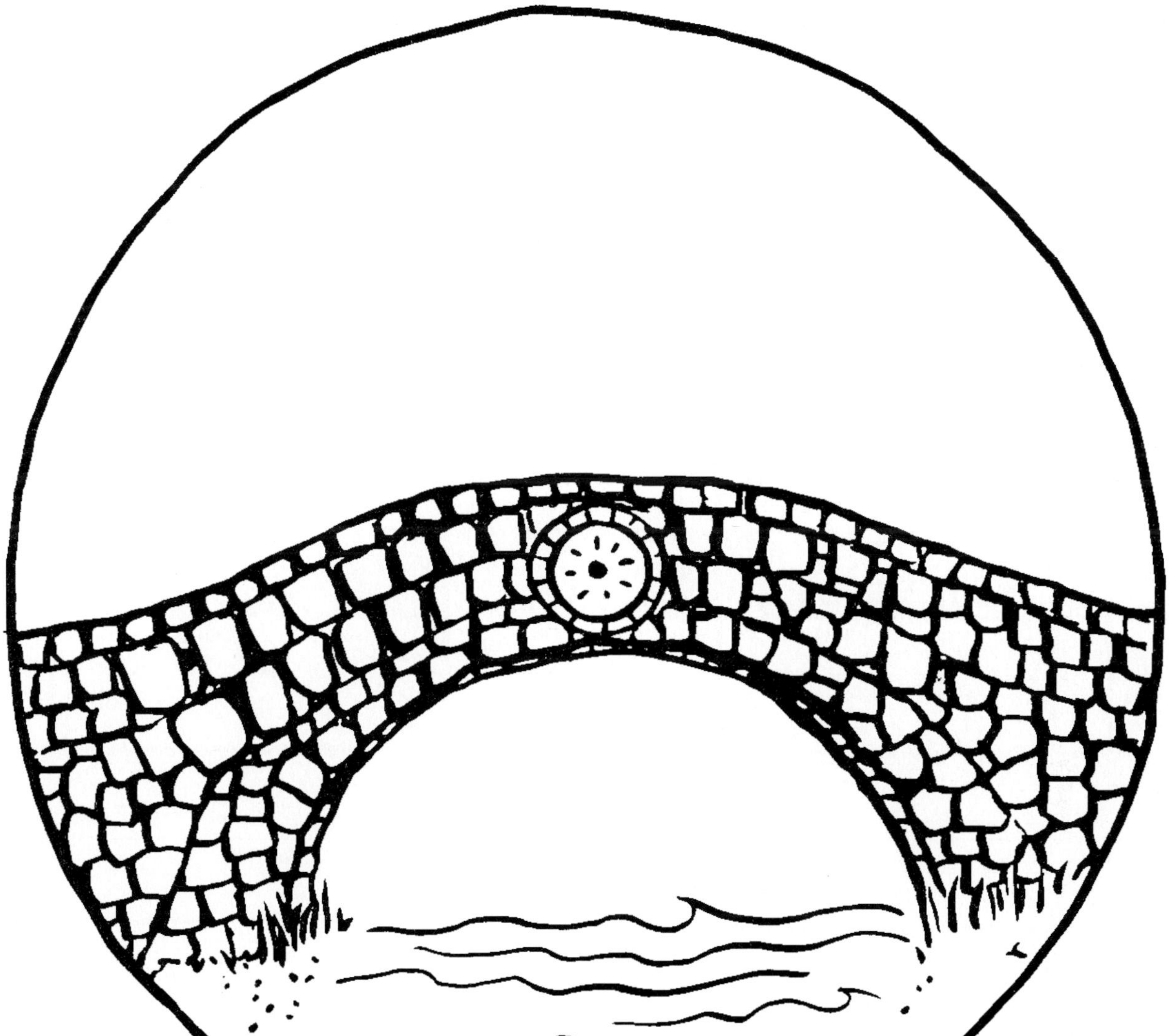

- Male die Brücke bunt.
- Gestalte darum herum eine Landschaft.

A 8

Unterschiedliche Brücken

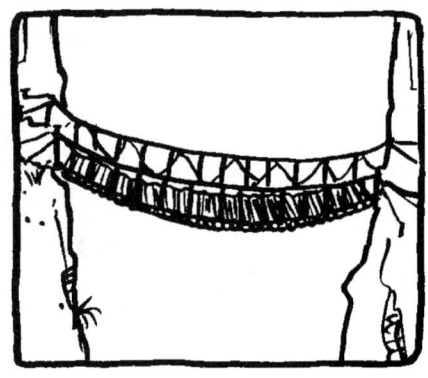

Deine Fantasiebrücke

- Trage die Namen der Brücken in die Felder unter den Zeichnungen ein: Steg / Steinbrücke / Eisenbahnbrücke / Hängebrücke / Autobahnbrücke.

- Überlege: Über welche Brücke würdest du am liebsten gehen? Warum?
- In das freie Feld kannst du deine Fantasiebrücke zeichnen.

A 9

Brücken verbinden

- Male über die Hindernisse, die zu sehen sind, verschiedene Brücken.
- Was verbinden diese Brücken miteinander?

A 10

Brückenlieder

Die Brücke von Stein

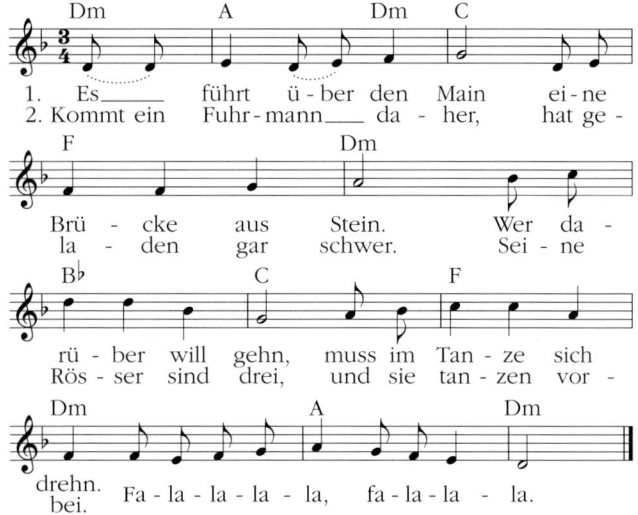

1. Es____ führt ü-ber den Main ei-ne
2. Kommt ein Fuhr-mann____ da-her, hat ge-

Brü - cke aus Stein. Wer da-
la - den gar schwer. Sei - ne

rü - ber will gehn, muss im Tan - ze sich
Rös - ser sind drei, und sie tan - zen vor -

drehn.
bei. Fa - la - la - la - la, fa - la - la - la.

3. Und ein Bursch' ohne Schuh
und in Lumpen dazu,
als er die Brücke sah,
ei wie tanzte er da.

4. Kommt ein Mädchen allein
auf die Brücke aus Stein,
fasst ihr Röckchen geschwind,
und sie tanzt wie der Wind.

5. Und der König in Person
steigt herab von seinem Thron;
kaum betritt er das Brett,
tanzt er gleich Menuett.

6. Liebe Leute, herbei!
Schlagt die Brücke entzwei!
Und sie schwangen das Beil,
und sie tanzten derweil.

7. Alle Leute im Land kommen eilig gerannt.
Bleibt der Brücke doch fern,
denn wir tanzen so gern.

8. Es führt über den Main
eine Brücke aus Stein.
Wir fassen die Händ',
und wir tanzen ohne End'.

T: Volkslied, ergänzt von Felicitas Kukuck
M: Felicitas Kukuck

Brückenlied

1. Lasst uns ei - ne Brü - cke bau - en, dass wir

ste - hen Hand in Hand. Die-se Brü-cke schenkt Ver-

trau - en uns und al - len hier im Land.

Refrain: Baut die Brü - cke, baut die Brü - cke! Und seid

ihr da - zu be - reit, hält die Brü - cke, hält die

Brü - cke heut und al - le Zeit.

2. Lasst uns eine Brücke schlagen
über Grenzen, übers Meer.
Diese Brücke wird uns tragen,
ist die Last auch noch so schwer.

3. Um dem andern beizustehen,
müssen Menschen Brücken sein.
Über Brücken kannst du gehen,
und du bist nicht mehr allein.

4. Diese Brücke wird uns tragen,
weil wir uns ihr anvertraun.
Darum wollen wir es wagen
und die nächste Brücke baun.

T: Rolf Krenzer   M: Detlev Jöcker

- Vergleiche den Text der beiden Lieder.
- Wie sehen die beiden Brücken aus? Beschreibe sie.

A 11

Die Brücke

Max und Peter waren Schüler der dritten Klasse. Sie wohnten einander gegenüber in derselben Straße einer kleinen Stadt. Früher waren sie dicke Freunde gewesen: dann war es aus einem unerfindlichen Grunde zum Streit gekommen, und sie hatten begonnen, einander wie böse Feinde zu hassen.

Lief Max aus dem Tor seines Hofes, so schrie er über die Straße: »He, du Dummkopf!« Und er zeigte seinem früheren Freund die Faust. Und Peter gab zurück: »Wie viele solcher Mistkäfer, wie du einer bist, gehen wohl auf ein Kilo?« Dabei drohte auch er mit der Faust. Ihre Schulkameraden versuchten mehrmals, die beiden miteinander zu versöhnen, aber alle Mühe war umsonst: Sie waren richtige Starrköpfe. Schließlich fingen sie an, einander mit Schmutzklumpen zu bewerfen.

Einmal regnete es besonders stark. Dann verzogen sich die Wolken, und die Sonne zeigte sich wieder, aber die Straße stand unter Wasser. Wer sie überqueren wollte, tastete mit dem Fuß ängstlich nach der Tiefe des Wassers und wich wieder zurück.

Max trat aus dem Haus, blieb beim Hoftor stehen und schaute mit Vergnügen um sich: Alles war so sauber und frisch nach dem Regen und glänzte in der Sonne. Plötzlich aber verfinsterte sich sein Gesicht. Er sah seinen Feind Peter am jenseitigen Hoftor stehen. Und er sah auch, dass Peter einen großen Stein in der Hand hielt.

»Soso«, dachte sich Max, »du willst also einen Stein nach mir werfen. Nun gut, das kann ich auch!« Er lief in den Hof zurück, suchte und fand einen Ziegel und lief wieder auf die Straße, zur Abwehr bereit. Doch Peter warf den Stein nicht nach dem Feind. Er kauerte sich an den Straßenrand und legte ihn behutsam ins Wasser. Dann prüfte er mit dem Fuß, ob der Stein nicht wackle, und verschwand wieder.

Der Stein sah wie eine kleine Insel aus.
»Ach so«, dachte sich Max, »das kann ich auch.« Und er legte seinen Ziegel ebenfalls ins Wasser.

Peter schleppte schon einen zweiten Stein herbei. Vorsichtig trat er auf den ersten und senkte den zweiten ins Wasser, in einer Linie mit dem Ziegel seines Feindes. Dann holte Max drei Ziegelsteine auf einmal. So bauten sie einen Übergang über die Straße. Leute standen zu beiden Seiten: Sie schauten den Knaben zu und warteten.

Schließlich blieb nur ein Schritt zwischen dem letzten Ziegel und dem letzten Stein. Die Knaben standen einander gegenüber. Seit langer Zeit blickten sie sich zum ersten Mal wieder in die Augen, und Max sagte: »Ich habe ein Schildkröte. Sie lebt bei uns im Hof. Willst du sie sehen?«

Natalie Oettli

- Lest die Geschichte miteinander.
- Was denkst du über Max und Peter?
- Welche Wege der Versöhnung hätten sie gehen können? Schreibe die Möglichkeiten in die freien Steine.

A 12

Die Brücke zum Himmel

Jakob war von zu Hause weggelaufen. Er hatte seinen Bruder betrogen. Jetzt flieht er. Jakob weiß nicht wohin. Er hat Angst.

Er kommt an einen steinigen Ort. Der Ort ist heilig. Jakob will sich ausruhen. Er legt sich auf den Boden, den Kopf auf einen der Steine und schläft ein. Da hat er einen Traum.

Er sieht eine Leiter, unendlich lang. Sie reicht vom Boden der Erde bis weit in den Himmel. Und er sieht Engel, Boten Gottes auf dieser Leiter auf und ab steigen. Und dann hört er Gottes Stimme. Sie sagt: »Jakob, ich bin der Gott deines Vaters Abraham und der Gott Isaaks.

Ich bin bei dir. Ich will auf dich achten, wohin du auch gehst. Du wirst eines Tages nach Hause zurückkehren!«

Jakob erwachte aus seinem Traum und dachte: »Dieser Ort ist heilig. Hier spricht Gott zu den Menschen. Hier ist das Tor, hier ist die Brücke zum Himmel.«

Jakob baute an diesem Ort aus den Steinen einen Altar, damit niemand vergessen sollte, dass hier ein heiliger Ort ist. Er nannte den Ort »Bet-El«, das heißt: Haus Gottes.

Nach Genesis 28

A 13

Eine Brücke lasst uns bauen

Eine Brücke lasst uns bauen
von hier bis an den Himmelsrand,
eine Brücke aus Vertrauen
jedem Menschen, jedem Land!

Wie stark soll unsre Brücke sein?
Sie soll alle Menschen tragen,
alle Menschen, die es wagen,
zur Gewohnheit NEIN zu sagen.
So stark soll unsre Brücke sein!

Eine Brücke lasst uns bauen
von hier bis an den Himmelsrand,
eine Brücke aus Vertrauen
jedem Menschen, jedem Land!

Wie breit soll unsre Brücke sein?
Dass Hand in Hand Menschen schreiten,
dass man Blinde kann begleiten
dass man Lahme kann begleiten.
So breit soll unsre Brücke sein!

Eine Brücke lasst uns bauen
von hier bis an den Himmelsrand,
eine Brücke aus Vertrauen
jedem Menschen, jedem Land!

Wie lang soll unsre Brücke sein?
Dass sie den Abgrund überwindet,
dass jedermann den Himmel findet,
dass sie die Welt mit Gott verbindet.
So lang soll unsre Brücke sein!

Josef Reding

Schreibe in die Brücke, woraus eine Brücke bestehen sollte, die die Menschen miteinander verbindet, damit alle friedlich leben können.

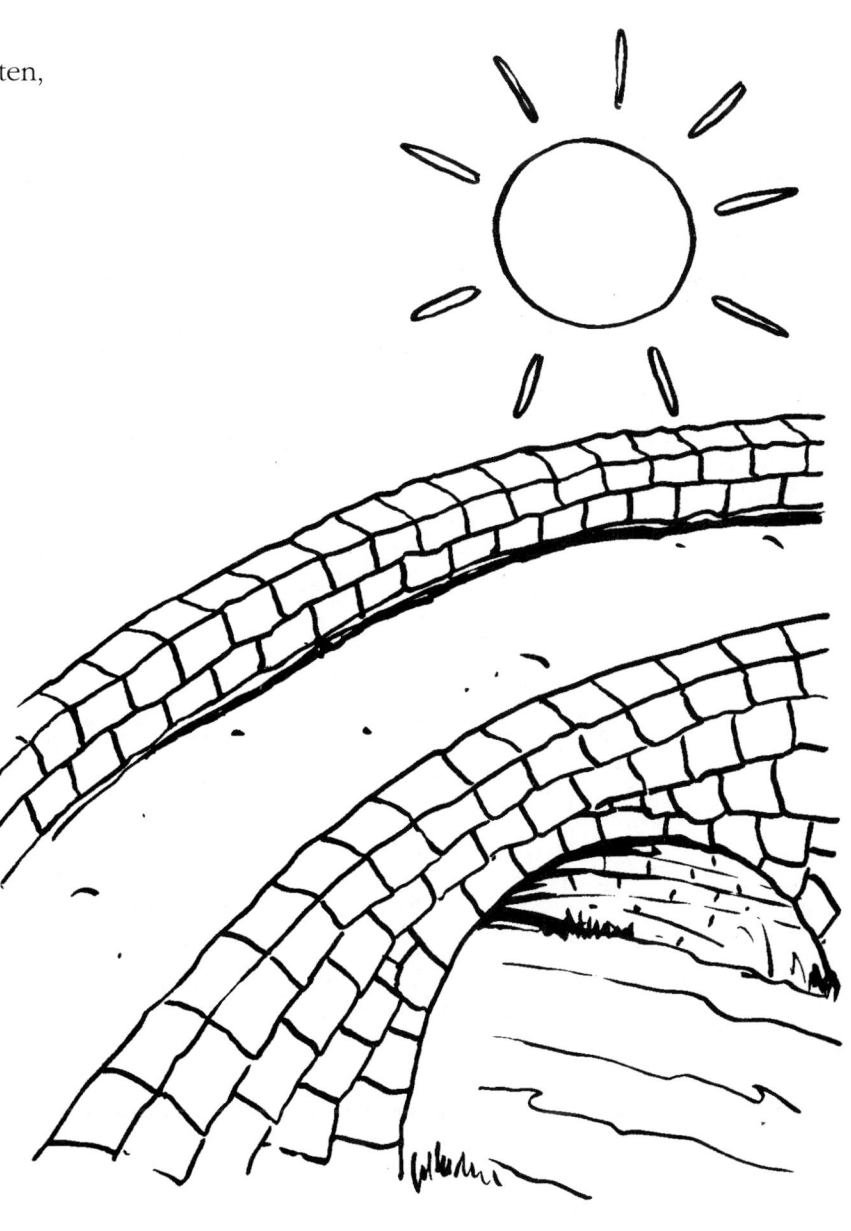

A 14

Spirale

Spirale 1:
Du gehst,
Schritt für Schritt
immer voran.
Du hältst an.
Denkst nach.
Wo bin ich?
Wer bin ich?
Du kommst voran.
Du gehst den Weg.
Immer weiter
in engeren Kreisen.
Du findest das Ziel:
die Mitte.

Spirale 2:
Du drehst dich
um dich selbst.
Den Kopf gesenkt.
Schritt für Schritt.
Du gehst voran.
Du hältst an.
Du schaust dich um.
Dein Blick weitet sich.
Du gehst weiter,
immer weiter,
die Kreise werden größer,
immer größer.
Du findest neues Land.

A 15

Jesus – der Weg für uns

Jesus sagt:
Ich bin der Weg,
die Wahrheit,
das Leben.
Niemand kommt zum Vater
außer durch mich.

Johannes 14,6

Jesus zeigt uns den Weg zum Vater.
Jesus kommt von Gott.
Jesus war ein Mensch.
Er ist geboren wie ein Mensch.
Er hat gelebt wie ein Mensch,
wie ein besonderer Mensch.
Er lehrt die Menschen.
Er erzählt ihnen von Gott.
Er heilt und hilft den Menschen.
Er betet zu Gott, seinem Vater.
Er ist Gottes Sohn.

Ausgang und Eingang

Aus - gang und Ein - gang, An - fang und
En — de lie - gen bei dir, Herr,
füll du uns die Hän — de!

T und M: Jochen Schwarz

- Schreibe die Worte Jesu von außen nach innen in die Spirale auf der vorherigen Seite!
- Male in die Kästchen oben je eine Szene, wie Jesus heilt, wie Jesus die Menschen lehrt und wie er betet.
- Gehe zum Lied »Ausgang und Eingang« langsam in Form einer Spirale durch den Raum:

drei Schritte vor (rechts – links – rechts) und dann wiege einmal auf den linken Fuß zurück. So kommst du voran und kannst doch nachdenken auf deinem Weg. So gingen schon oft Menschen auf der Suche nach dem Sinn durch ihr Leben: Sie gingen vorwärts und ab und zu hielten sie an zum Nachdenken.

A 16

Bunte Spiralen

Male von den Punkten aus Spiralen in den unterschiedlichsten Farben.

A 17

Klassisches Labyrinth (Kreta)

Versuche den Weg von außen in die Mitte des Labyrinths zu finden. Zeichne ihn mit bunten Blei-
stiften.

A 18

Der Minotaurus im Labyrinth

Eine Sage aus Kreta erzählt: Da war ein König, der hieß Minos. Er hatte eine Frau mit Namen Pasiphe. Eines Tages verliebt sich Pasiphe in einen Stier. Sie bringt ein Wesen zur Welt, das halb Mensch und halb Stier ist und sich zum Ungeheuer entwickelt, dem Minotaurus. König Minos hatte einen Architekten, Daidalos. Daidalos sollte ein Gefängnis für den Minotaurus bauen und errichtete ein Labyrinth, aus dem niemand entwischen konnte. Alle neun Jahre müssen dem Minotaurus sieben junge Männer und sieben Mädchen geopfert werden. Eines Tages ist darunter auch Theseus, der Königssohn von Athen. Als er in Kreta ist, sieht ihn Ariadne, die Tochter des Königs Minos. Sie verliebt sich in Theseus und gibt ihm einen langen Faden mit in das Labyrinth. Theseus muss in das Labyrinth gehen. Er begegnet dem Minotaurus, kämpft mit ihm und tötet ihn. Da er den Faden von Ariadne ausgelegt hat, findet er auch wieder mit den anderen jungen Männern und Mädchen den Ausgang aus dem Labyrinth und kann nach Hause zurückkehren.

Du kannst mit einem Stift den Weg zum Minotaurus finden.

A 19

Römisches Labyrinth

- Suche mit bunten Stiften den Weg in die Mitte des Labyrinths. Wähle für jedes Quadrat eine neue Farbe und male damit die Zwischenräume ganz aus.
- Male in die Mitte etwas, das dir ganz wichtig ist.

A 20

Labyrinth von Chartres

In vielen Kirchen sind Labyrinthe auf dem Fußboden abgebildet.

Dieses Labyrinth findest du auf dem Fußboden einer großen Kirche, der Kathedrale von Chartres in Frankreich. Du kannst es dort zu Fuß durchschreiten. Um bis in die Mitte zu gelangen, musst du 305 m gehen. Der Durchmesser des ganzen Labyrinths beträgt 12,5 m. Wenn du das Labyrinth betrittst, meinst du, du kannst direkt in die Mitte steuern. Aber dann merkst du, dass der Weg dich wieder weit weg führt, dann wieder zur Mitte und wieder weg, bis du schließlich und endlich doch zur Mitte gelangst.

Die Menschen sind früher betend diesen Weg durch das Labyrinth gegangen. Sie dachten sich: So wie der Weg durch das Labyrinth, so ist es auch mit unserem Leben und unserem Weg zu Gott. Manchmal fühlen wir uns ihm ganz nah. Dann ist er wieder weit weg. Aber irgendwann einmal werden wir wirklich bei ihm sein.

- Versuche mit einem Bleistift den Weg in die Mitte zu finden.
- Schreibe in die Mitte des Labyrinths von Chartres das Wort »Gott«.

A 21

Der Weg durch das Jahr

- Gestalte den Weg durch das Jahr farbig.
- Schreibe neben den Weg, was du zu den unterschiedlichen Jahreszeiten gerne machen möchtest.

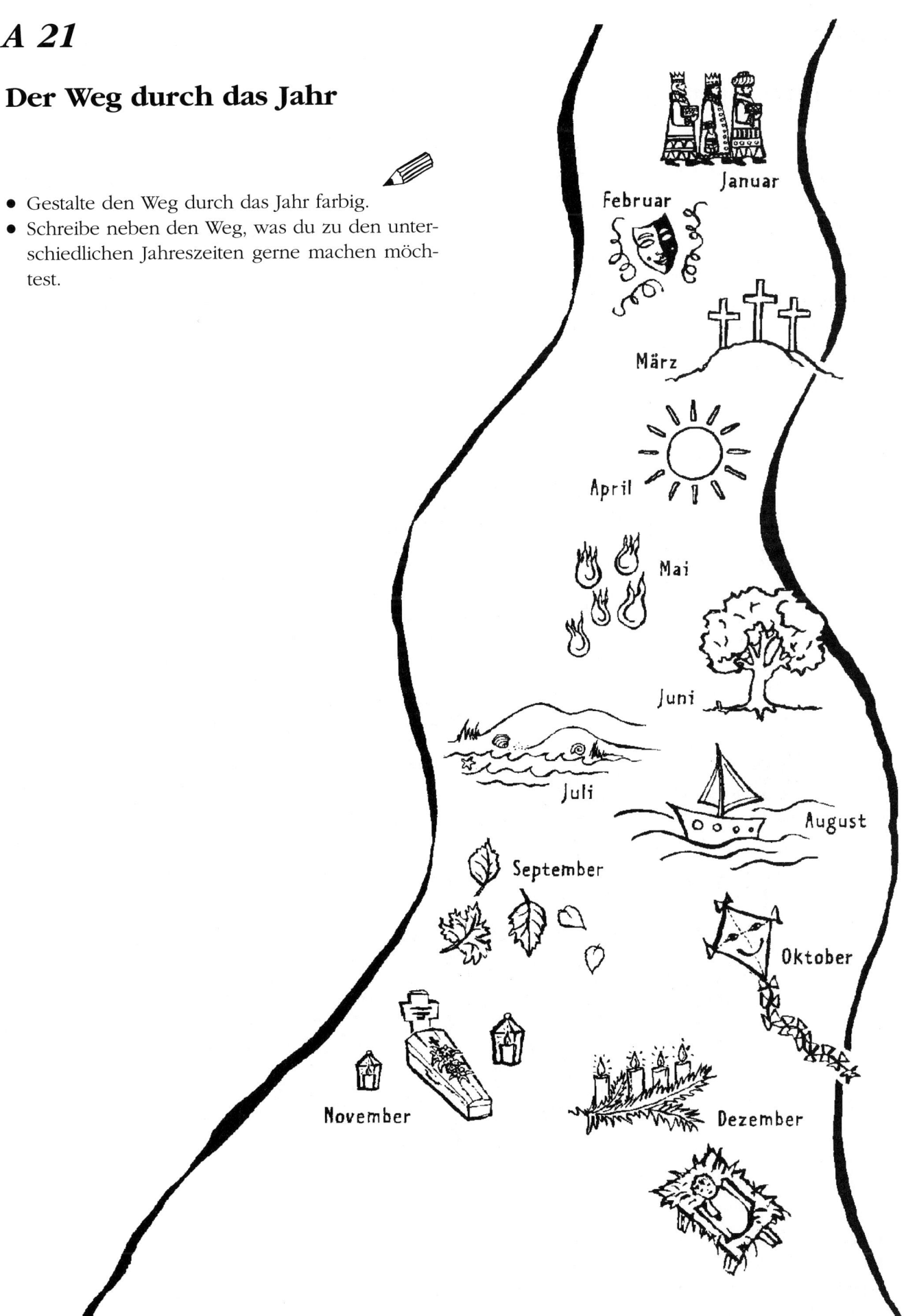

A 22

Maria geht zu Elisabet

Maria ist froh. Ein Bote Gottes war bei ihr. Sie soll den Sohn Gottes, den Erlöser, den Messias zur Welt bringen!

Vor lauter Freude macht sie sich auf den Weg über das steinige Gebirge zu ihrer Kusine Elisabet. Der Weg ist weit, und so kann sie viel nachdenken über dieses große Geheimnis.

Sie kommt bei Elisabet an. Elisabet erwartet auch ein Kind. Als sie Maria sieht, freut sie sich und das Kind bewegt sich in ihrem Leib. Sie sagt zu Maria: »Es ist schön, dass du kommst. Vor lauter Freude bewegt sich mein Kind in mir. Es weiß, dass du uns den Erlöser, den Messias, Gottes Sohn bringst.« Da war Marias Erstaunen groß und voller Freude sang sie laut das Lied, das sie schon unterwegs begleitet hatte:

> Meine Seele preist die Größe des Herrn,
> und mein Geist jubelt über Gott, meinen Retter.
>
> Denn auf die Niedrigkeit
> seiner Magd hat er geschaut.
> Siehe, von nun an preisen mich selig
> alle Geschlechter!
>
> Denn der Mächtige hat Großes an mir getan,
> und sein Name ist heilig.
>
> Er erbarmt sich von
> Geschlecht zu Geschlecht
> über alle, die ihn fürchten.
>
> Er vollbringt mit seinem Arm
> machtvolle Taten:
>
> Er zerstreut,
> die im Herzen voll Hochmut sind,
>
> er stürzt die Mächtigen vom Thron
> und erhöht die Niedrigen.
>
> Die Hungernden beschenkt er mit seinen Gaben
> und lässt die Reichen leer ausgehn.
>
> Er nimmt sich seines Knechtes Israel an
> und denkt an sein Erbarmen,
>
> das er unsern Vätern verheißen hat,
> Abraham und seinen Nachkommen auf ewig.

Nach Lukas 1,39–56

- Sprecht das Loblied Marias miteinander abwechselnd laut.
- Fragt nach den Worten, die ihr nicht kennt.

- Malt einen Weg um das Loblied Marias und verziert ihn mit bunten Farben.

A 23

Der Weg durch die Fastenzeit

Trage in die Wegweiser ein, worauf du in der Fastenzeit besonders achten kannst:

1 Aschenkreuz: Was muss in meinem Leben besser werden?

2 Wüste: Worauf kann ich in dieser Zeit freiwillig verzichten?

3 Stein: Was belastet mich?

4 Berg: Wo könnte ich mehr tun, um mein Wissen und Können zu erweitern?

5 Brunnen: Wo kann ich still und ruhig werden?

6 Stadt: Wie kann ich mit den Menschen in meiner Umgebung besser umgehen?

7 Baum: Wonach sehne ich mich, was wünsche ich mir?

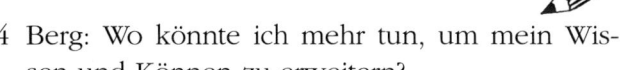

A 24

Der Kreuzweg

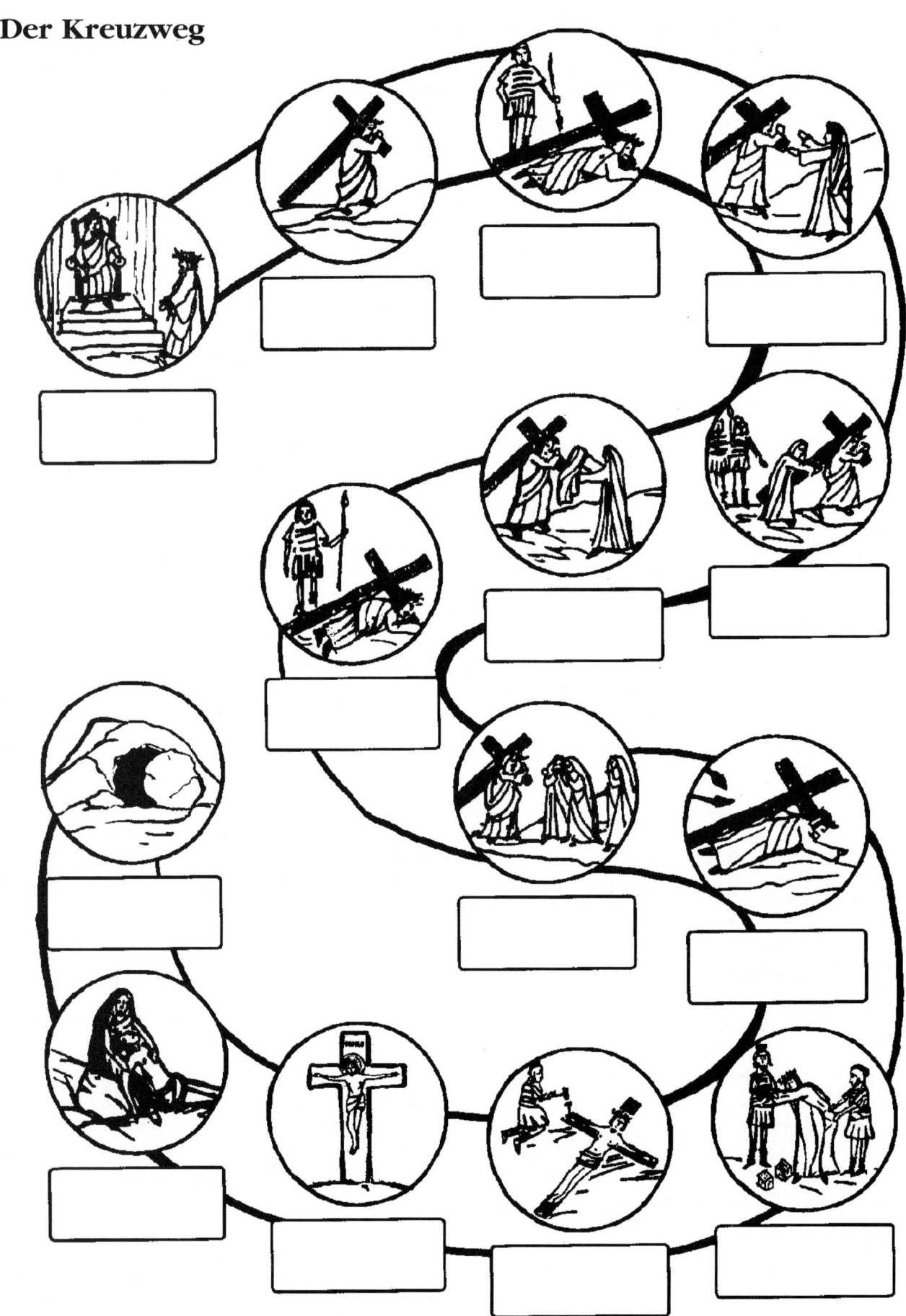

A 25

Menschen mit Jesus auf dem Kreuzweg

Jesus ist auf seinem Leidensweg vielen Menschen begegnet. Viele Menschen heute sind diesen Menschen ähnlich.

Schreibe in die Kästchen neben den Text, welche Menschen heute so sind wie damals Pilatus, Maria, Veronika, Simon usw.

Pilatus verurteilt Jesus ungerecht zum Tod.
Wer verurteilt heute andere ungerecht?

Jesus begegnet seiner Mutter Maria.
Welche Mütter müssen heute zusehen,
wie ihre Kinder leiden?

Simon hilft Jesus das Kreuz tragen.
Wer hilft heute anderen Menschen in ihrem Leid?

Veronika reicht Jesus das Schweißtuch.
Wer erleichtert heute leidenden Menschen
das schwere Leben?

Jesus begegnet Frauen, die weinen.
Wer weint heute, wenn er sieht wie andere leiden?

Die Soldaten begleiten Jesus.
Sie müssen das ungerechte Urteil ausführen.
Wer muss heute schlimme Dinge tun,
weil es ihm befohlen wird?

Viele Menschen stehen am Weg und schauen zu.
Wer steht heute da und schaut nur zu, wenn andere leiden?

A 26

Auf dem Weg nach Emmaus

Zwei Freunde Jesu waren auf dem Weg von Jerusalem nach Emmaus. Sie waren enttäuscht und traurig. Jesus war tot. So viel hatten sie sich von ihm versprochen. Freiheit, Erlösung, Mut, ein glückliches Leben. Jetzt war alles aus.

Unterwegs kam Jesus zu ihnen. Aber sie wussten nicht, dass es Jesus war. Er fragte sie: »Worüber redet ihr? Warum seid ihr so traurig?« Sie sagten: »Ja, weißt du denn nicht, was in Jerusalem geschehen ist? Sie haben Jesus gekreuzigt. Jesus, auf den wir all unsere Hoffnung auf Erlösung gesetzt hatten. Jetzt ist er tot. Was sollen wir also noch in Jerusalem? Wir gehen nach Hause, nach Emmaus!« Da begann Jesus ihnen zu erklären: »Habt ihr denn nicht gelesen, was in der Heiligen Schrift steht? Dort steht, dass der Messias gekreuzigt, aber nach drei Tagen auferweckt wird. Damit erlöst er alle Menschen vom Tod! Es musste doch so kommen. Es gibt keinen Grund zu trauern!« Die beiden Jünger staunten darüber, was dieser Fremde ihnen sagte.

Sie waren in Emmaus angekommen. Es wurde Abend. Sie sagten: »Herr, bleibe bei uns, denn es wird schon Abend!« Jesus ging mit ihnen ins Haus. Sie aßen miteinander. Jesus nahm das Brot, sprach das Dankgebet und gab es den Freunden. Dann nahm er den Kelch, dankte wieder und verteilte ihn an die beiden Jünger. Da erkannten sie: Das ist Jesus. So hat er auch beim letzten Abendmahl mit uns geredet! Jesus aber war nicht mehr zu sehen. Die beiden sagten zueinander: »Komm, wir müssen sofort zurück nach Jerusalem gehen und den anderen Jüngern berichten: »Jesus lebt!«

Nach Lukas 24

Karl Schmidt-Rottluff, Gang nach Emmaus (1918)

- Sieh dir das Bild genau an! Beschreibe, was du siehst.
- Was fällt dir bei den drei Menschen auf.

- Jetzt lies die Geschichte über dem Bild. Wie hat der Künstler das Erzählte dargestellt?

A 27

Der Weg nach Emmaus und die Messfeier

Das, was auf dem Weg nach Emmaus geschehen ist, erleben wir in jeder Messfeier:

Trage die Teile der Messfeier in die Zeilen ein: Eröffnung, Wortgottesdienst, Mahlfeier, Sendung.

Die Jünger denken über das nach, was sie erlebt haben. Sie begegnen Jesus.

Wir begegnen Jesus und begrüßen uns. Wir denken über das nach, was hinter uns liegt.

Jesus erklärt den Jüngern die Worte aus der Heiligen Schrift.

Wir hören auf das Wort Gottes und bekommen es erklärt.

Jesus isst mit den Jüngern. Er bricht mit ihnen das Brot und teilt den Wein mit ihnen.

Wir empfangen Brot und Wein, den Leib und das Blut Christi. Wir halten miteinander und mit Jesus Mahl.

Die Jünger gehen zurück nach Jerusalem um den Freunden zu sagen: Freut euch! Jesus lebt!

Wir werden wieder ausgesandt, um den Menschen, mit denen wir leben, die Frohe Botschaft weiterzusagen.

A 28

Mein Lebensweg

1. Mal dei - nen Weg! Bun - te Far - ben
   Mal dei - nen Weg! Ei - ne Spur durch

schenk' ich dir, und an den Him - mel
wei - tes Land, durch Zeit und Raum nach

malst du mir Träu - me des Le - bens.
un - be - kannt:

Fra - gen des Le - bens. *Refrain:* Such dei - nen Weg!
Such dei - nen Weg!

Wie ein Vo - gel fliegt der Wind, und
Das Wo - her und das Wo - hin, und

die Ge - dan - ken, ja, sie sind Flü - gel des
du er - fragst da - bei den Sinn:

Le - bens. Quel - len des Le - bens.

2. Geh deinen Weg!
   Bleibe nicht am Anfang stehn,
   erst auf dem Wege wirst du sehn
   Lichter des Lebens.

3. Geh deinen Weg!
   Such nicht immer nur das Ziel,
   auch unterwegs entdeckst du viel:
   Spuren des Lebens.

4. Such deinen Weg!
   Wie ein Vogel fliegt im Wind,
   und die Gedanken, ja, sie sind
   Flügel des Lebens.

5. Such deinen Weg!
   Das Woher und das Wohin,
   und du erfragst dabei den Sinn:
   Quellen des Lebens.

T: Reinhard Bäcker   M: Detlev Jöcker

- Male in diesen Weg die Stationen deines Lebens: Geburt / Taufe / Familie / Kindergarten / Schule.
- Schreibe dazu die Menschen, denen du in den einzelnen Lebensabschnitten begegnet bist und die dir wichtig waren.

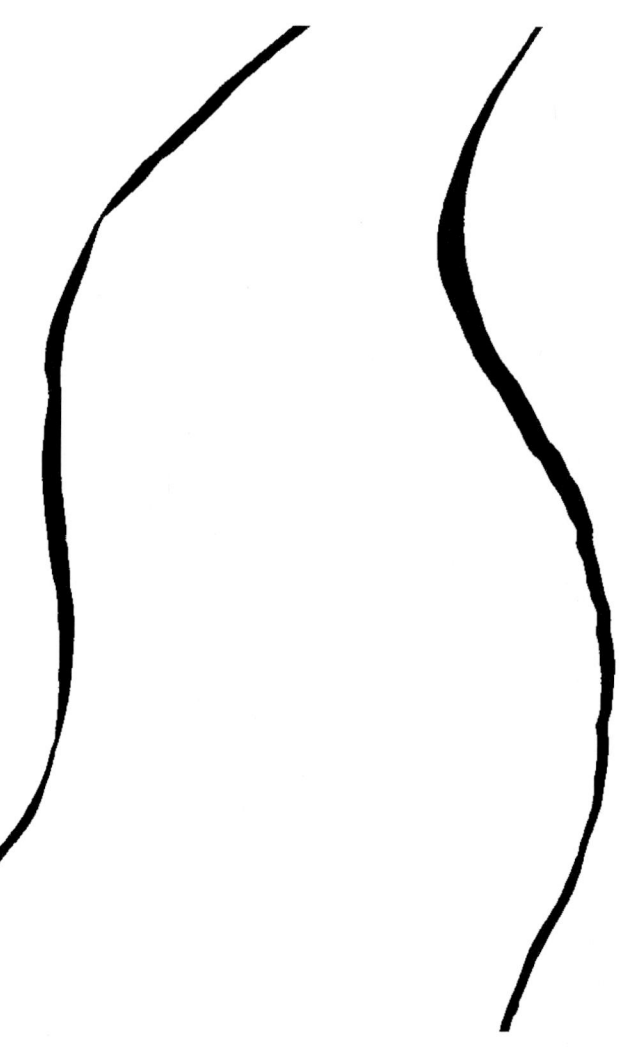

A 29

Fußabdrücke

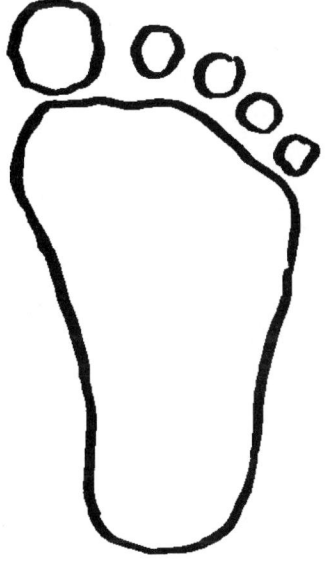

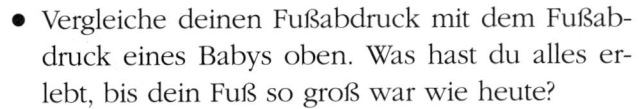

- Stelle deinen Fuß auf diese Seite und zeichne darum herum seinen Umriss.

- Vergleiche deinen Fußabdruck mit dem Fußabdruck eines Babys oben. Was hast du alles erlebt, bis dein Fuß so groß war wie heute?

A 30

Beppo

Beppo, der Straßenkehrer, tat seine Arbeit gern und gründlich. Er wusste, es war eine sehr notwendige Arbeit. Wenn er die Straßen kehrte, tat er es langsam, aber stetig: bei jedem Schritt einen Atemzug und bei jedem Atemzug einen Besenstrich. Schritt – Atemzug – Besenstrich. Schritt – Atemzug – Besenstrich. Dazwischen blieb er manchmal ein Weilchen stehen und blickte nachdenklich vor sich hin. Und dann ging es wieder weiter: Schritt – Atemzug – Besenstrich.

Während er sich so dahinbewegte, vor sich die schmutzige Straße und hinter sich die saubere, kamen ihm oft große Gedanken. Aber es waren Gedanken ohne Worte, Gedanken, die sich so schwer mitteilen ließen wie ein bestimmter Duft, an den man sich nur gerade eben noch erinnert, oder wie eine Farbe, von der man geträumt hat. Nach der Arbeit, wenn er bei dem Mädchen

Momo saß, erklärte er ihr seine großen Gedanken. Und da sie auf ihre besondere Art zuhörte, löste sich seine Zunge, und er fand die richtigen Worte.

»Siehst du, Momo«, sagte er dann zum Beispiel, »es ist so: Manchmal hat man eine sehr lange Straße vor sich. Man denkt, die ist so schrecklich lang; das kann man niemals schaffen, denkt man.« Er blickte eine Weile schweigend vor sich hin, dann fuhr er fort: »Und dann fängt man an, sich zu eilen. Und man eilt sich immer mehr. Jedes Mal, wenn man aufblickt, sieht man, dass es gar nicht weniger wird, was noch vor einem liegt. Und man strengt sich noch mehr an, man kriegt es mit der Angst, und zum Schluss ist man ganz außer Puste und kann nicht mehr. Und die Straße liegt immer noch vor einem. So darf man es nicht machen.« Er dachte einige Zeit nach. Dann sprach er weiter:

»Man darf nie an die ganze Straße auf einmal denken, verstehst du? Man muss nur an den nächsten Schritt denken, an den nächsten Atemzug, an den nächsten Besenstrich. Und immer wieder nur an den nächsten.« Wieder hielt er inne und überlegte, ehe er hinzufügte:

»Dann macht es Freude, das ist wichtig, dann macht man seine Sache gut. Und so soll es sein.« Und abermals nach einer langen Pause fuhr er fort: »Auf einmal merkt man, dass man Schritt für Schritt die ganze Straße gemacht hat. Man hat gar nicht gemerkt wie, und man ist nicht außer Puste.« Er nickte vor sich hin und sagte abschließend: »Das ist wichtig.«

Michael Ende

A 31

Josef – ein Lebensweg mit Gott

Jakob hatte zwölf Söhne. Einer davon war Josef. Jakob hatte ihn besonders lieb. Er schenkte ihm einen wunderschönen Umhang. Josefs Brüder waren neidisch. Und als er ihnen seine Träume erzählte, begannen sie ihn zu hassen. Josef träumte zum Beispiel, dass seine Kornähre in der Mitte stand und um ihn herum standen die elf Ähren seiner Brüder und verneigten sich.

Eines Tages schickte Jakob Josef zu seinen Brüdern hinaus aufs Feld, wo sie die Schafe hüteten. Sie sahen ihn kommen und sagten: »Jetzt ist die Gelegenheit günstig! Wir wollen uns Josef vom Hals schaffen.« Sie packten ihn, zogen ihm das schöne Gewand aus und warfen ihn in einen tiefen Brunnen. Später kam eine Karawane von Kaufleuten vorbei. Da nahmen die Brüder Josef und verkauften ihn als Sklaven an die Händler. Sein Gewand beschmierten sie mit dem Blut eines Lammes, brachten es seinem Vater und sagten: »Josef wurde von einem wilden Tier zerrissen.« Jakob trauerte um Josef.

Josef zog mit der Karawane nach Ägypten. Dort kaufte ihn ein Hofbeamter des Pharao, des ägyptischen Königs. Gott war mit Josef und so glückte ihm alles, was er begann. Sein Herr Potifar wurde immer wohlhabender, und Josef war beliebt und alle vertrauten ihm. Eines Tages wollte die Frau seines Herrn, dass Josef zärtlich zu ihr sei. Josef aber sagte: »Du bist die Frau meines Herrn. So etwas darf ich nicht tun.« Und er riss sich von ihr los. Dabei blieb sein Umhang in ihren Händen. Da wurde sie wütend und schrie durchs ganze Haus: »Josef hat mir etwas angetan!« Als Potifar das hörte, wurde er zornig und ließ Josef ins Gefängnis werfen.

Aber Gott war auch dort mit Josef. Er verlieh ihm eine besondere Gabe: Josef konnte Träume, die die Menschen nicht verstanden, richtig deuten. Davon hörte der Pharao. Eines Tages hatte er schlechte Träume. Er ließ Josef kommen und erzählte ihm seine Träume. Er sagte: »Einmal stand ich am Fluss Nil. Da stiegen sieben gut genährte Kühe aus dem Nil und begannen zu grasen. Danach stiegen sieben magere Kühe aus dem Nil und fraßen die sieben fetten Kühe auf. Ein anderes Mal träumte ich von Ähren: Sieben volle Ähren wuchsen prächtig auf einem Halm. Dann wuchsen sieben kümmerliche Ähren aus einem anderen Halm und verschlangen die sieben guten Ähren.« Josef sagte: »Diese Träume hat Gott dir geschickt, damit du dein Volk retten kannst. Die Träume bedeuten beide das Gleiche: Es werden sieben gute Jahre in Ägypten sein, da werden alle Menschen satt sein. Dann kommt sieben Jahre lang eine große Hungersnot. Du solltest vorsorgen und die Getreidespeicher für die mageren Jahre füllen lassen.« Der Rat gefiel dem Pharao, und er machte Josef zu einem seiner mächtigsten Beamten.

So wie Josef es gesagt hatte, kam es. In der Zeit der Hungersnot mussten auch Josefs Brüder leiden. Sie machten sich auf den Weg nach Ägypten. Sie wollten dort nach Getreide zum Brot backen fragen. Benjamin, der jüngste, blieb bei seinem Vater Jakob zu Hause. Josef sah seine Brüder kommen. Sie mussten zu ihm, um Getreide zu erhalten. Sie erkannten ihn aber nicht. Sie warfen sich vor ihm nieder und baten um Brot. Josef sagte: »Ihr seid Spione. Ihr kommt ins Gefängnis, wenn ihr mir nicht euren jüngsten Bruder auch herbeiholt.« Sie gingen zurück, um Benjamin zu holen. Jakob wollte Benjamin nicht fortlassen. Doch die Hungersnot war so groß, dass sie schließlich mit Benjamin wieder nach Ägypten aufbrachen. Wieder kamen sie und warfen sich vor Josef nieder. Josef sah ihre Not. Er schickte alle Hofbeamten hinaus und sagte: »Ich bin Josef, euer Bruder!« Dann weinte er und umarmte seine Brüder und sagte: »Geht, holt auch meinen Vater hierher, damit ich ihn wieder sehe.« Jakob kam auch nach Ägypten. Josef war froh. Bis an sein Lebensende war Gott mit ihm.

Nach Genesis 37–50

Gott war mit Josef.

• Schreibe in die Kästchen, was du auf den Bildern siehst.

A 32

Der Hexenplatz

»Ich muss den Kuchen für Sonntag backen«, sagte Mutter zu Vater. »Am liebsten wär mir's, du gingst mit den Kindern spazieren, damit ich Ruhe in der Küche habe.«

Die Kinder sahen nicht begeistert aus.

»Ich würde dir lieber beim Kuchenbacken helfen«, sagte Christoph. »Du willst ja nur naschen«, rief Constanze. Nicht einmal Markus hatte Lust zum Spazierengehen. Aber Vater machte ein geheimnisvolles Gesicht. »Wir gehen zum Hexenplatz«, sagte er.

Die drei Kinder sahen ihn mit großen Augen an.

»Der Hexenplatz?«, fragte Christoph. »Da war ich noch nie. Warum heißt er denn Hexenplatz?«

»Wird nicht verraten«, sagte Vater. »Das müsst ihr schon selber herausbekommen.«

Jetzt waren alle drei so neugierig, dass keiner mehr zu Hause bleiben wollte.

Vater parkte das Auto an einem See. Der Weg zum Hexenplatz führte durch Wiesen und Felder bis zu einem Wald. Hier blieb Vater stehen.

»Das ist der Hexenplatz«, sagte er. Constanze sah sich um. »Aber ich sehe hier gar keine Hexe.«

»Die gibt es ja auch nur im Märchen«, erklärte Markus. »Und warum heißt der Platz dann Hexenplatz?«, fragte Constanze.

»Das werdet ihr gleich sehen«, sagte Vater. »Aber zuerst müsst ihr herausfinden, wie der Weg weitergeht.«

Vom Waldrand aus führten sechs Wege in den Wald hinein.

»Ich weiß nicht«, sagte Markus und zuckte ratlos die Schultern. »Sie sehen alle ziemlich gleich aus.«

»Aber ich«, rief Christoph, »ich weiß jetzt, warum der Platz Hexenplatz heißt: weil es verhext schwer ist, den richtigen Weg zu finden!« Vater lachte. »So ungefähr«, sagte er.

»Und du, Vater?«, fragte Constanze. »Weißt du den richtigen Weg?« »Aber sicher«, beruhigte Vater sie. »Wenn wir den Weg in der Mitte nehmen, kommen wir genau zu unserem Parkplatz.«

Der Weg führte durch den Wald und auf der anderen Seite wieder durch Wiesen und Felder. Es war ein schlechter Weg. Der Boden war nass und aufgeweicht, und manchmal versanken sie so tief im Schlamm, dass sie ihre Stiefel fast nicht wieder herausbrachten.

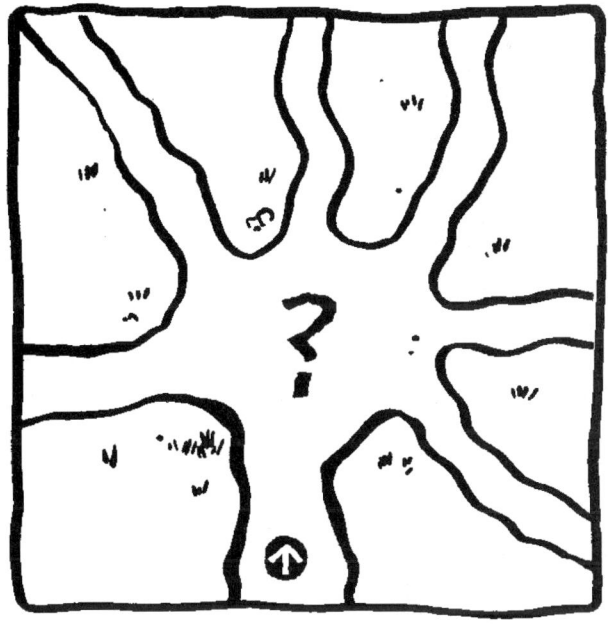

»Bist du sicher, dass das wirklich der richtige Weg ist?«, fragte Markus. »Sollen wir nicht lieber umkehren?« Aber Vater schüttelte den Kopf.

»Dort unten sehe ich schon den See. Schaut nur, dort steht unser Auto!«

Als Mutter ihnen zu Hause die Tür öffnete, schlug sie die Hände über dem Kopf zusammen.

»Wo um Himmels willen seid ihr denn herumgelaufen?«, rief sie. »Wir waren am Hexenplatz«, erzählte Constanze. »Dort gibt es sechs Wege, und nur einer ist der richtige.«

»Aber Vater wusste den richtigen Weg«, sagte Christoph.

»Na, ich weiß nicht«, sagte Mutter und zeigte auf die schmutzigen Stiefel. »Anscheinend hat die Hexe euren Weg verhext.« Vater lachte.

»Es war eine etwas schwierige Wegstrecke«, sagte er. »Aber wenn man sicher ist, dass man den richtigen Weg hat, dann darf man sich durch so etwas nicht abbringen lassen.«

Andreas Kleinschmidt

A 33

Entscheidungen treffen

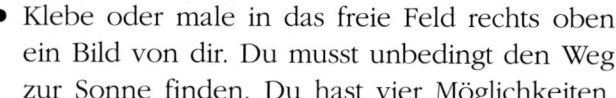

- Klebe oder male in das freie Feld rechts oben ein Bild von dir. Du musst unbedingt den Weg zur Sonne finden. Du hast vier Möglichkeiten, aber nur eine ist richtig. Finde mit dem Bleistift den richtigen Weg. Male den richtigen Weg dann bunt aus.

A 34

Zeige uns den Weg

Der kleine Prinz und der Weichensteller

»Guten Tag«, sagte der kleine Prinz. »Guten Tag«, sagte der Weichensteller. »Was machst da?« »Ich sortiere die Reisenden nach Tausenderpaketen. Ich schicke die Züge, die sie fortbringen, bald nach rechts, bald nach links.« Und ein lichterfunkelnder Schnellzug, grollend wie der Donner, machte das Weichenstellerhäuschen erzittern. »Sie haben es sehr eilig. Wohin wollen sie?« »Der Mann von der Lokomotive weiß es selber nicht.« Und ein zweiter Schnellzug donnerte vorbei, in entgegengesetzter Richtung. »Sie kommen schon zurück?« »Das sind nicht die gleichen. Das wechselt.« »Waren sie nicht zufrieden dort, wo sie waren?« »Man ist nie zufrieden dort, wo man ist.« Und es rollte der Donner eines dritten funkelnden Schnellzuges vorbei. »Verfolgen diese die ersten Reisenden?« »Sie verfolgen gar nichts. Sie schlafen da drinnen oder sie gähnen auch. Nur die Kinder drücken ihre Nasen gegen die Fensterscheiben.« »Nur die Kinder wissen, wohin sie wollen«, sagte der kleine Prinz.

Antoine de Saint-Exupéry

Für wen gehst du?

In Roschitz, Rabbi Naftalis Stadt, pflegten die Reichen, deren Häuser einsam oder am Ende des Ortes lagen, Leute zu dingen, die nachts über ihren Besitz wachen sollten. Als Rabbi Naftali sich eines Abend spät am Rand des Waldes erging, der die Stadt säumte, begegnete er einem solch auf und nieder wandernden Wächter. »Für wen gehst du?«, fragte er ihn. Der gab Bescheid, fügte aber die Gegenfrage daran: »Und für wen geht ihr, Rabbi?« Das Wort traf den Rabbi wie ein Pfeil. »Noch gehe ich für niemand,« brachte er mühsam hervor, dann schritt er lange schweigend neben dem Mann auf und nieder. »Willst du mein Diener werden?«, fragte er endlich. »Das will ich gern«, antwortete jener, »aber was habe ich zu tun?« »Mich zu erinnern!«, sagte Rabbi Naftali.

Martin Buber

Wohin gehst du?

Heute bin ich einem freundlichen und unbeschwerten Menschen begegnet. »Wohin gehst du?« fragte er mich. Ich nannte ein Nachbardorf. »Wohin gehst du?«, fragte er nochmals. Ich nannte nochmals das Dorf. »Wohin gehst du?«, fragte er mich abermals. Da ward ich unsicher, und während ich weiterging, frug ich mich selber: »Wohin gehst du?«

Rechte unbekannt

Zeige uns den Weg

1. Zei-ge uns den Weg, wenn der Mor-gen_ winkt,
zei-ge uns den Weg, wenn die Son-ne_ sinkt.
Zei-ge uns den Weg, zei-ge uns den Weg,
zei-ge uns den Weg, der uns zum Ziel bringt.

2. Zeige uns den Weg, wenn uns nichts bedrückt,
zeige uns den Weg, wenn uns manches glückt.

3. Zeige uns den Weg, wenn wir ratlos sind,
Zeige uns den Weg, wenn uns nichts gelingt.

4. Zeige uns den Weg hier in dieser Zeit,
zeige uns den Weg in die Ewigkeit.

T und M: Richard Strauß-König

A 35

Der vierte König

Außer Caspar, Melchior und Balthasar war auch ein vierter König aus dem Morgenland aufgebrochen, um dem Stern zu folgen, der ihn zu dem göttlichen Kind führen sollte. Dieser vierte König hieß Coredan. Drei wertvolle rote Edelsteine hatte er zu sich gesteckt und mit den drei anderen Königen einen Treffpunkt vereinbart. Doch Coredans Reittier lahmte unterwegs. Es kam nur langsam voran, und als er bei der hohen Palme eintraf, war er allein. Nur eine kurze Botschaft, in den Stamm des Baumes eingeritzt, sagte ihm, dass die anderen drei ihn in Betlehem erwarten würden.

Coredan ritt weiter, ganz in seinen Wunschträumen versunken. Plötzlich entdeckte er am Wegrand ein Kind, bitterlich weinend und aus mehreren Wunden blutend. Voll Mitleid nahm er das Kind auf sein Pferd und ritt in das Dorf zurück, durch das er zuletzt gekommen war. Er fand eine Frau, die das Kind in Pflege nahm. Aus seinem Gürtel nahm er einen Edelstein und vermachte ihn dem Kind, damit sein Leben gesichert sei.

Doch dann ritt er weiter, seinen Freunden nach. Er fragte die Menschen nach dem Weg, denn den Stern hatte er verloren. Eines Tages erblickte er den Stern wieder, eilte ihm nach und wurde von ihm durch eine Stadt geführt. Ein Leichenzug begegnete ihm. Hinter dem Sarg schritt eine verzweifelte Frau mit ihren Kindern. Coredan sah sofort, dass nicht allein die Trauer um den Toten diesen Schmerz hervorrief. Der Mann und der Vater wurde zu Grabe getragen. Die Familie war in Schulden geraten, und vom Grabe weg sollten die Frau und die Kinder als Sklaven verkauft werden. Coredan nahm den zweiten Edelstein, der eigentlich dem neugeborenen König zugedacht war, aus seinem Gürtel. »Bezahlt, was ihr schuldig seid, kauft euch Haus und Hof und Land, damit ihr eine Heimat habt!« Er wendete sein Pferd und wollte dem Stern entgegenreiten – doch dieser war erloschen. Sehnsucht nach dem göttlichen Kind und tiefe Traurigkeit überfielen ihn. War er seiner Berufung untreu geworden? Würde er sein Ziel nie erreichen?

Eines Tages leuchtete ihm sein Stern wieder auf und führte ihn durch ein fremdes Land, in dem Krieg wütete. In einem Dorf hatten Soldaten die Bauern zusammengetrieben, um sie grausam zu töten. Die Frauen schrien und die Kinder wimmerten. Grauen packte den König Coredan, Zweifel stiegen in ihm auf. Er besaß nur noch einen Edelstein – sollte er denn mit leeren Händen vor dem König der Menschen erscheinen?

Doch dieses Elend war so groß, dass er nicht lange zögerte, mit zitternden Händen seinen letzten Edelstein hervorholte und damit die Männer vor dem Tode und das Dorf vor der Verwüstung loskaufte. Müde und traurig ritt Coredan weiter. Sein Stern leuchtete nicht mehr. Jahrelang wanderte er. Zuletzt zu Fuß, da er auch sein Pferd verschenkt hatte. Schließlich bettelte er, half hier einem Schwachen, pflegte dort Kranke; keine Not blieb ihm fremd. Und eines Tages kam er am Hafen einer großen Stadt gerade dazu, als ein Vater seiner Familie entrissen und auf ein Sträflingsschiff, eine Galeere, verschleppt werden sollte. Coredan flehte um den armen Menschen und bot sich dann selbst an, anstelle des Unglücklichen als Galeerensklave zu arbeiten.

Sein Stolz bäumte sich auf, als er in Ketten gelegt wurde. Jahre vergingen. Er vergaß, sie zu zählen. Grau war sein Haar, sein zerschundener Körper

müde geworden. Doch irgendwann leuchtete sein Stern wieder auf. Und was er nie zu hoffen gewagt hatte, geschah. Man schenkte ihm die Freiheit wieder; an der Küste eines fremden Landes wurde er an Land gelassen.

In dieser Nacht träumte er von seinem Stern, träumte von seiner Jugend, als er aufgebrochen war, um den König aller Menschen zu finden. Eine Stimme rief ihn: »Eile, eile!«

Sofort brach er auf, er kam an die Tore einer großen Stadt. Aufgeregte Gruppen von Menschen

zogen ihn mit, hinaus vor die Mauern. Angst schnürte ihm die Brust zusammen. Einen Hügel schritt er hinauf. Oben ragten drei Kreuze. Coredans Stern, der ihn einst zu dem Kind führen sollte, blieb über dem Kreuz in der Mitte stehen, leuchtete noch einmal auf und war dann erloschen.

Ein Blitzstrahl warf den müden Greis zu Boden.

»So muss ich also sterben«, flüsterte er in jäher Todesangst, »sterben, ohne dich gesehen zu haben? So bin ich umsonst durch die Städte und Dörfer gewandert wie ein Pilger, um dich zu finden, Herr?« Seine Augen schlossen sich. Die Sinne schwanden ihm. Da aber traf ihn der Blick des Menschen am Kreuz, ein unsagbarer Blick der Liebe und Güte. Vom Kreuz herab sprach die Stimme: »Coredan, du hast mich getröstet, als ich jammerte, und gerettet, als ich in Lebensgefahr war; du hast mich gekleidet, als ich nackt war!«

Ein Schrei durchbebte die Luft – der Mann am Kreuz neigte das Haupt und starb. Coredan erkannte mit einemmal: Dieser Mensch ist der König der Welt. Ihn habe ich gesucht in all den Jahren. Er hatte ihn nicht vergebens gesucht; er hatte ihn doch gefunden.

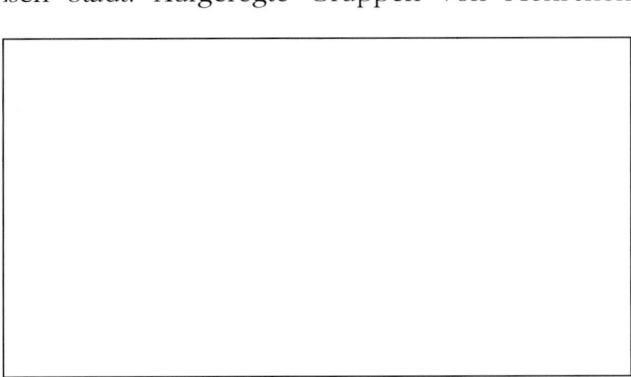

- Schreibe in die Kästchen im Text, wofür Coredan sich entscheidet.

- Male in den großen Kasten Coredan, wie er sein Ziel erreicht.

A 36

Auf dem Weg nach Jericho

1. Auf dem Weg nach Jericho kommt daher ein Mann. Schleichen sich aus dem Versteck Räuber leise an. *Refrain:* Ja so, ja so war's auf dem Weg nach Jericho, ja so, ja so, da ging es einem so.

2. Auf dem Weg nach Jericho
kommen sie daher,
nehmen ihm die Kleider weg
und noch vieles mehr.

3. Auf dem Weg nach Jericho
packen sie den Mann,
schlagen ihn und werfen ihn
auf die Erde dann.

4. Auf dem Weg nach Jericho
gibt es Leid und Not.
Auf dem Weg nach Jericho
liegt ein Mensch halb tot.

5. Auf dem Weg nach Jericho
kommt ein Herr daher,
sieht den Mann und geht vorbei
und beeilt sich sehr.

6. Auf dem Weg nach Jericho
kommt ein andrer Mann,
tut, als würde er nichts sehn,
schaut ihn gar nicht an.

7. Auch ein Dritter kommt vorbei.
Wird er weitergehn?
Kaum sieht er den armen Mann,
bleibt er bei ihm stehn.

8. Auf dem Weg nach Jericho
tröstet er den Mann.
Hilft ihm und verbindet ihm
seine Wunden dann.

9. Auf dem Weg nach Jericho
bleibt ein Fremder stehn.
Auf dem Weg nach Jericho
jetzt zwei Freunde gehn.

T: Rolf Krenzer   M: Peter Janssens

Paul Reding

A 37

Wegweiser

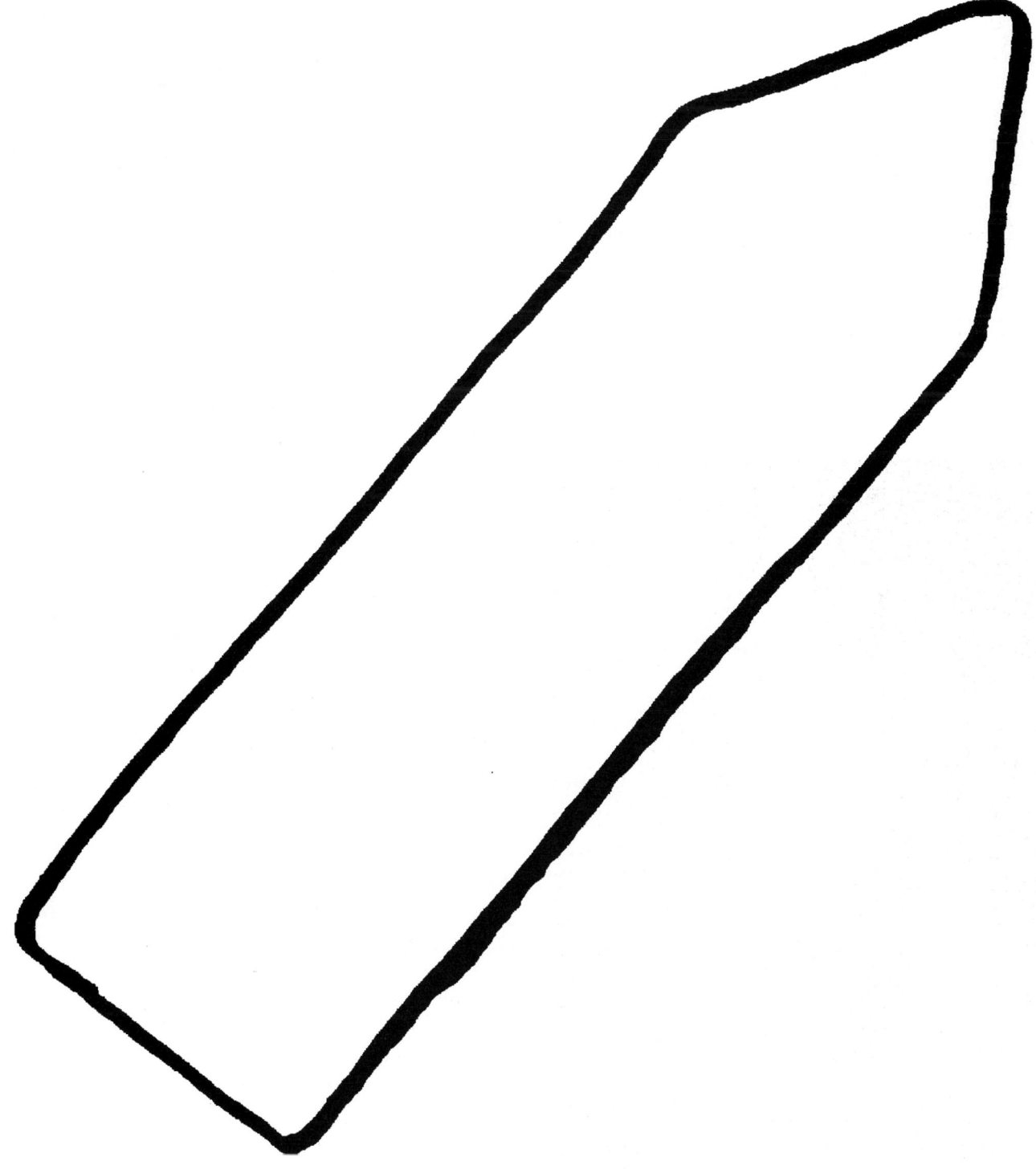

A 38

Verkehrsschilder

Auf dieser Seite siehst du einige Verkehrsschilder. Sie weisen den Weg. Sie ordnen den Verkehr, wenn sich alle daran halten.

- Schreibe ein »V« an die Schilder, die ein Verbot darstellen.

- Schreibe ein »G« an die Schilder, die ein Gebot darstellen.
- Schreibe ein »W« an Schilder, die etwas über den Weg und die Richtung aussagen.

A 39

Gebote – Verbote

Gebote

Du sollst ...

Verbote

Du sollst nicht ...

- Überlege, welche Gebote und Verbote notwendig sind, damit das Zusammenleben von Menschen – in der Schule   zu Hause – beim Spielen gut gelingen kann.
- Schreibe die Gebote oder Verbote in den entsprechenden Kasten.

A 40

Die Zehn Gebote

Die Bibel erzählt, dass Mose auf dem Berg Sinai die Zehn Gebote von Gott gesagt bekommt. Gebote, die notwendig sind, damit alle Menschen zufrieden und glücklich leben können.

Hier sind sie als Wegweiser für unseren Lebensweg aufgeschrieben:

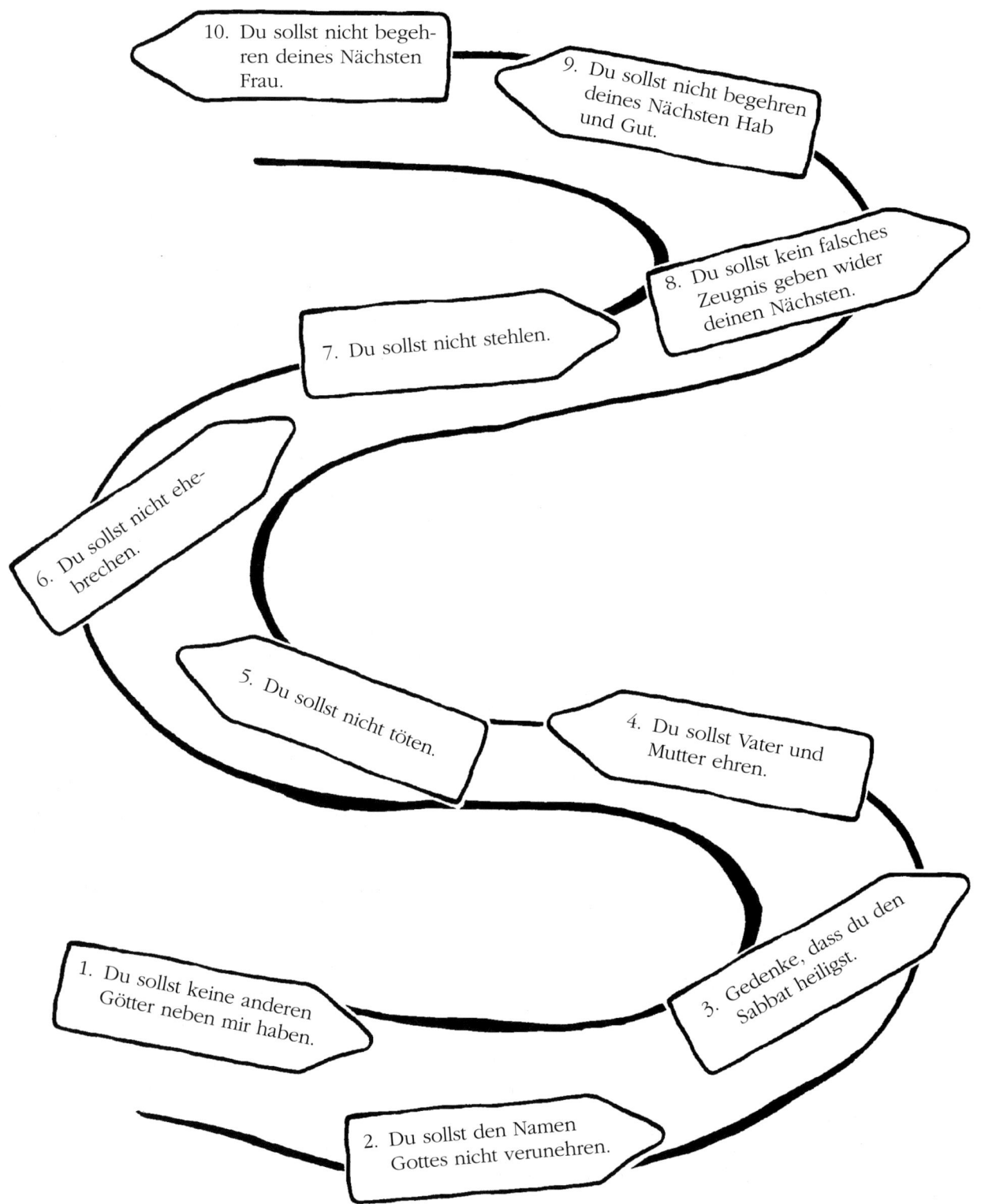

10. Du sollst nicht begehren deines Nächsten Frau.

9. Du sollst nicht begehren deines Nächsten Hab und Gut.

8. Du sollst kein falsches Zeugnis geben wider deinen Nächsten.

7. Du sollst nicht stehlen.

6. Du sollst nicht ehebrechen.

5. Du sollst nicht töten.

4. Du sollst Vater und Mutter ehren.

3. Gedenke, dass du den Sabbat heiligst.

1. Du sollst keine anderen Götter neben mir haben.

2. Du sollst den Namen Gottes nicht verunehren.

A 41

Umkehren

Wenn du einen Weg gehst, den du nicht kennst, dann kann es sein, dass du dich verläufst. Du musst umkehren.

Manchmal steht ein Hindernis im Weg, du kommst nicht weiter. Manchmal wirst du unsicher und sagst: Vielleicht kehre ich doch besser um.

Wie auf einem richtigen Weg, so ist es auch in deinem Leben: Du tust Dinge, wo du hinterher sagst: »Vielleicht hätte ich es anders machen sollen.«

Du änderst dein Verhalten. Bevor du umkehrst, musst du nachdenken.

Auf diesem Bild siehst du einen Weg mit vielen Seitenwegen. Die Seitenwege sind Sackgassen. Du musst umkehren.

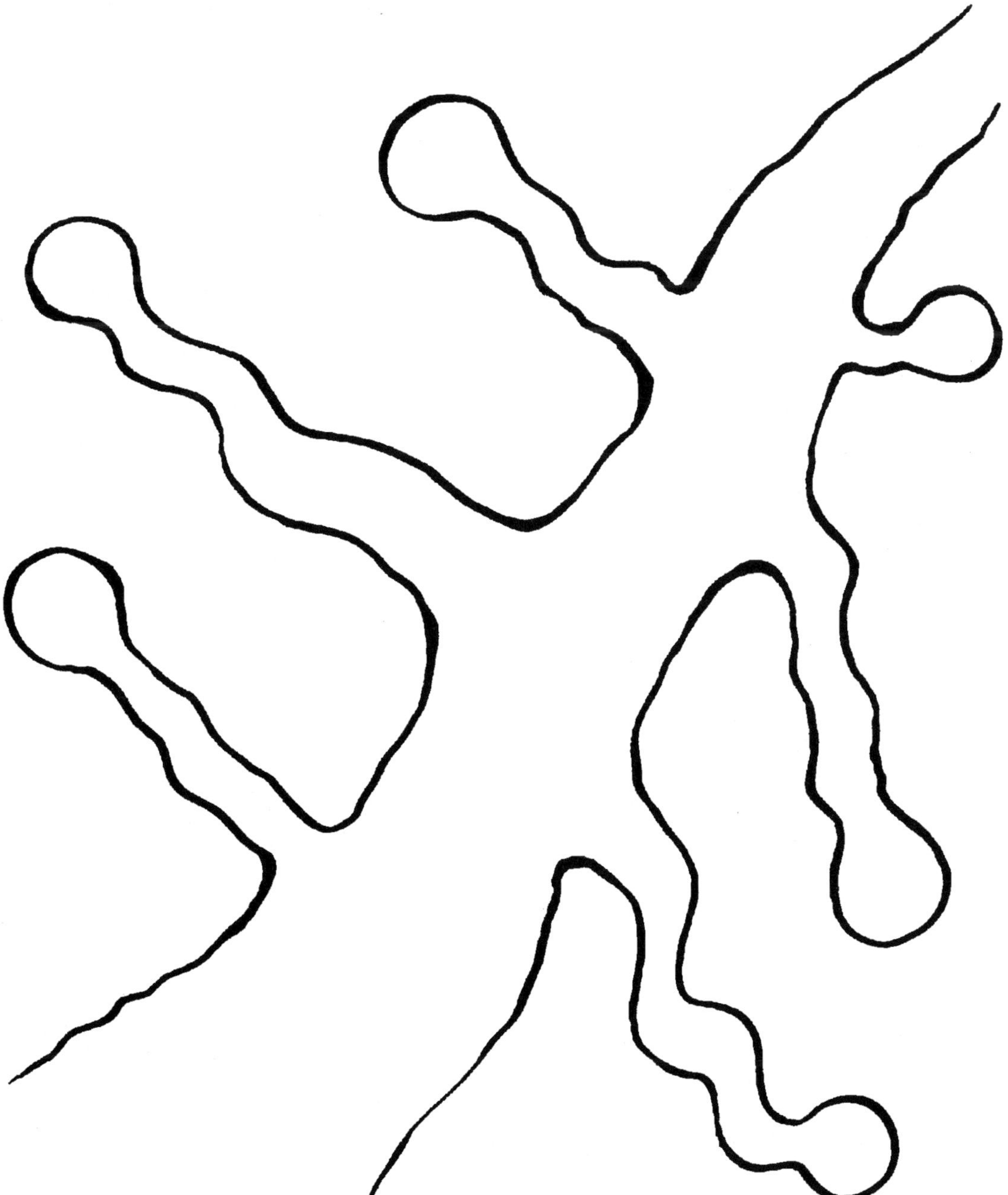

- Schreibe in die Seitenwege Dinge, die Menschen tun (die du auch vielleicht machst) und von denen sie umkehren sollten.

A 42

Der Sohn, der umkehrt

Der Sohn ist zu Hause.
Er langweilt sich.
Er will weg.
Was denkt er?

Der Sohn kommt in die Stadt.
Viel Geld hat er mit.
Was denkt er?

Der Sohn hat alles Geld
verloren.
Er steht auf der Straße.
Was denkt er?

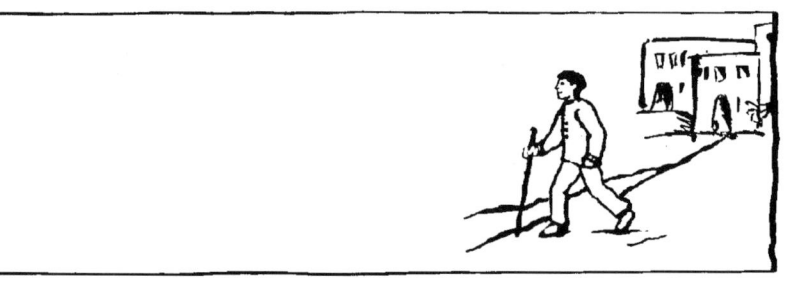

Der Sohn sitzt bei den Schweinen.
Was denkt er?

Der Sohn macht sich auf den
Weg nach Hause.
Was denkt er?

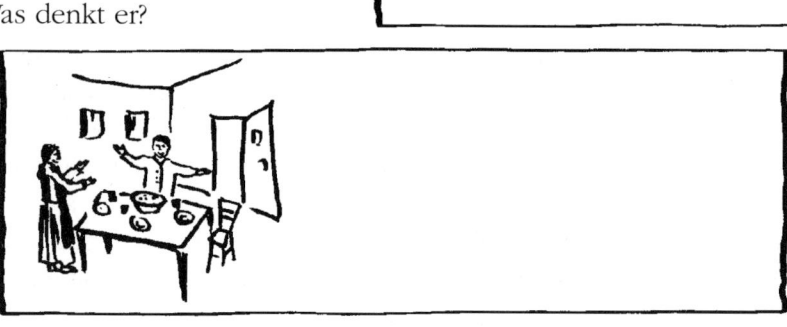

Der Sohn ist wieder zu Hause.
Was denkt er?

A 43

Jona

Die Bibel erzählt von einem Mann, der hieß Jona. Jona war ein Prophet. Er musste den Menschen sagen, was Gott von ihnen wollte. Gott sagte zu Jona: »Geh nach Ninive. Sage den Menschen dort: Kehrt um! Ihr tut Böses!« Jona wollte nicht nach Ninive. Er floh über das Meer mit einem Schiff nach Tarschisch. Aber Gott wollte, dass Jona nach Ninive ging.

Ein heftiger Sturm kam auf, so dass das Schiff zu sinken drohte. Die Seeleute wussten nicht mehr, was sie tun sollten. Da sagte Jona: »Es ist meine Schuld. Ich bin vor Gott, meinem Herrn geflohen.

Werft mich ins Meer, dann seid ihr gerettet!« Erst wollten die Seeleute nicht, aber als der Sturm immer heftiger wurde, warfen sie Jona ins Meer.

Gott aber rettete den Jona vor dem Ertrinken. Er schickte einen riesengroßen Fisch, der Jona verschlang. Drei Tage und drei Nächte war Jona

im Bauch des Fisches. Er hatte viel Zeit zum Nachdenken. Er betete zu Gott und bat ihn um Hilfe. Er sagte: »Ich will tun, was du von mir willst, Herr!« Da befahl Gott dem Fisch, Jona an Land zu bringen.

Als Jona am Strand lag, sagte Gott zu ihm: »Jetzt geh, Jona, und mach dich auf den Weg nach Ninive. Die Menschen dort sollen umkehren von ihren bösen Taten, so wie du umgekehrt bist, um

deine Aufgabe zu erfüllen!« Jona machte sich auf den Weg nach Ninive und ging von einem Ende der Stadt zum anderen. Er sagte den Leuten:

»Kehrt um von euren bösen Taten und geht den Weg Gottes!« Jona brauchte drei Tage, um die Stadt zu durchqueren. Die Leute hörten auf Jona. Sie bereuten ihre bösen Taten und kehrten auf den guten Weg zurück. Da sagte Gott: »Weil sie auf den guten Weg zurückgekehrt sind, will ich sie nicht bestrafen!«

Darüber war Jona zornig. Er sagte zu Gott: »Sie haben Böses getan! Sie müssen bestraft werden!« Wütend lief er aus der Stadt und setzte sich vor der Stadt nieder. Gott ließ einen großen Rizinusstrauch über Jona wachsen, der reichlich Schatten spendete. Darüber freute sich Jona und schlief

ein. Am nächsten Morgen war der Rizinusstrauch verdorrt und die Sonne schien Jona heiß auf den Kopf. Wieder war er wütend auf Gott, dass er so etwas zuließ. Da sagte Gott: »Es ist nicht recht, dass du zornig bist. Es tut dir Leid um diesen Rizinusstrauch, für den du nichts getan hast. Du hast ihn nicht gepflanzt, du hast ihn nicht gepflegt. Was willst du? Wenn es dir schon um den Rizinusstrauch Leid tut, kannst du dann nicht verstehen, dass mir die Stadt Ninive Leid tut mit all den vielen Menschen, die dort leben?«

A 44

Walter Habdank: Jona im Bauch des Fisches

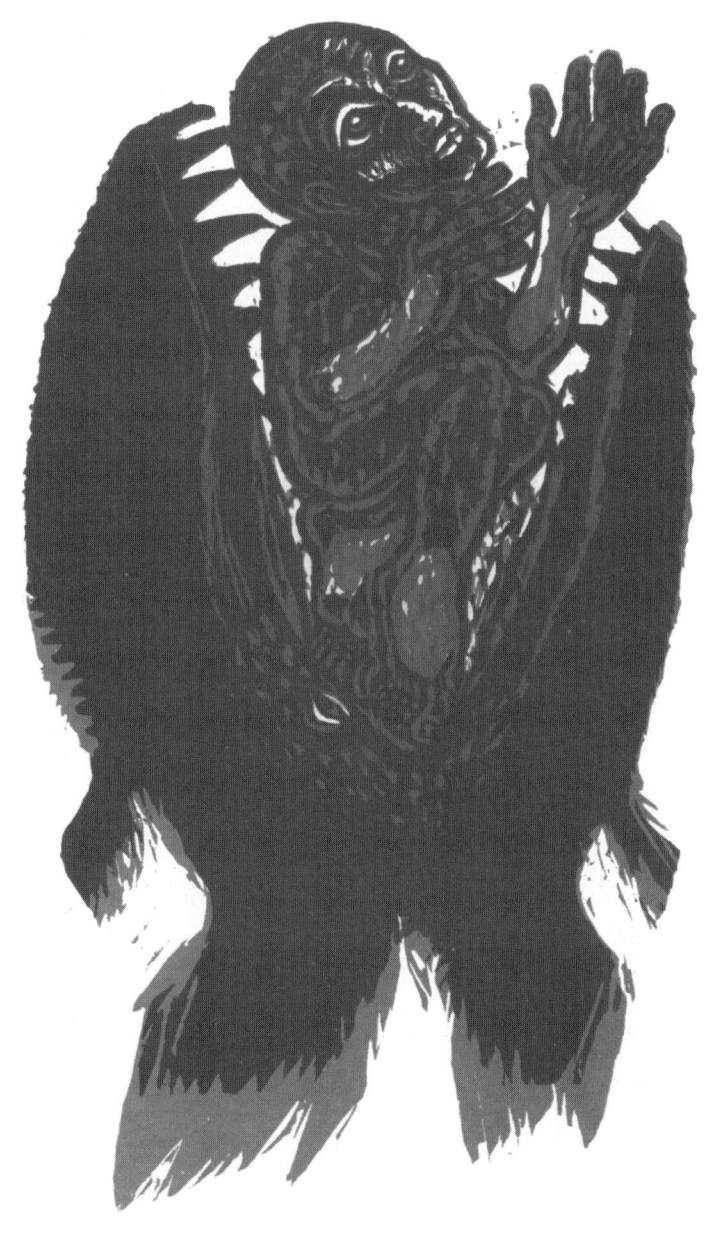

- Schau dir das Bild genau an
  Welchen Eindruck macht Jona auf dich?
  Ist er traurig? Zufrieden? Fröhlich?
  Was macht er?

- Schreibe um das Bild herum, was Jona zu Gott sagt.

A 45

Paulus

Nachdem Jesus gestorben und auferstanden war und nachdem er den Aposteln den Heiligen Geist gesandt hatte, lebten die ersten Christen in kleinen Gemeinschaften zusammen. Sie beteten miteinander, teilten Brot und Wein miteinander, so wie sie es von Jesus gesagt bekommen hatten, und sie halfen einander in jeder Not.

Ein Mann namens Saulus verfolgte die Christen. Er nahm sie gefangen, ließ sie einsperren, foltern und töten. Er hasste sie.

Eines Tages war er auf dem Weg nach Damaskus. Er ritt mit seinen Begleitern die Straße entlang. Plötzlich wurde es ganz hell. Sein Pferd scheute und Paulus stürzte. Er lag auf dem Boden und hielt sich den Arm vor die Augen. So hell war es. Dann hörte er eine Stimme. Sie sagte: »Saulus, Saulus, warum verfolgst du mich?«

Saulus antwortete: »Wer bist du, Herr?« Die Stimme antwortete: Ich bin Jesus, den du verfolgst. Steh auf und geh in die Stadt. Dort wird man dir sagen, was du tun sollst!« Die Begleiter von Saulus waren sprachlos. Sie konnten nichts sehen, hörten aber die Stimme. Saulus stand auf. Er öffnete die Augen, konnte aber nichts mehr sehen. Seine Begleiter führten ihn nach Damaskus. Dort kam er zu Hananias, einem Christen, der ihn pflegte. Er legte Saulus die Hände auf und Saulus konnte wieder sehen. Saulus ließ sich taufen und nahm den Namen Paulus an. Paulus wurde ein Christ und verkündete Gottes frohe Botschaft an viele Menschen in vielen Städten und Ländern.

Nach Apostelgeschichte 9

A 46

Abraham – Mit Gott auf dem Weg

Abraham lebte in der Stadt Haran. Sein Vater war aus der Stadt Ur im Land Chaldäa dorthin gezogen. Er war reich. Er hatte viele Schafe, Kamele, Esel und Ziegen. Sie weideten um die Stadt herum. In der Stadt wohnten seine Verwandten und Freunde. Abraham vertraute auf Gott. Eines Tages sprach Gott zu Abraham: »Zieh weg aus deinem Land, von deiner Verwandtschaft, von deinen Freunden in das Land, das ich dir zeigen werde. Du wirst viele Kinder haben und zu einem großen Volk werden. Du sollst ein Segen sein für alle, die mit dir gehen.«

Da nahm Abraham sein Vieh, seine Knechte und Mägde und seinen Vetter Lot und zog weg, wie Gott es ihm gesagt hatte. Er wanderte immer weiter bis er in das Land Kanaan kam.

Nach Genesis 12

Seine **Verwandten** in Haran denken:

Sein **Knecht**, der die Schafe hütet, denkt:

Abraham denkt:

Sein **Neffe Lot**, der mit ihm zieht, denkt:

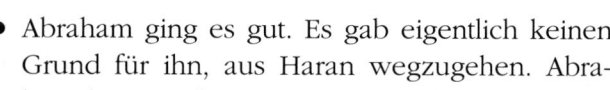

● Abraham ging es gut. Es gab eigentlich keinen Grund für ihn, aus Haran wegzugehen. Abraham hörte auf Gott. Deshalb ging er. Aber ob seine Verwandten und Freunde ihn verstanden haben? Schreibe hier auf, was sie wohl gedacht haben, als sie von Abrahams Aufbruch hörten.

A 47

Abrahams Weg

Abraham zog mit seinem Vater von Ur nach Babylon und nach Haran. Als Gott ihm sagte: Zieh weg!, zog er nach Jerusalem in Kanaan.
Hier siehst du eine Landkarte von der Gegend, durch die Abraham zog. Die Anfangsbuchstaben der Orte sind in die Karte eingezeichnet. Zeichne mit einem roten Stift den Weg nach, den Abraham in seinem Leben gegangen ist.

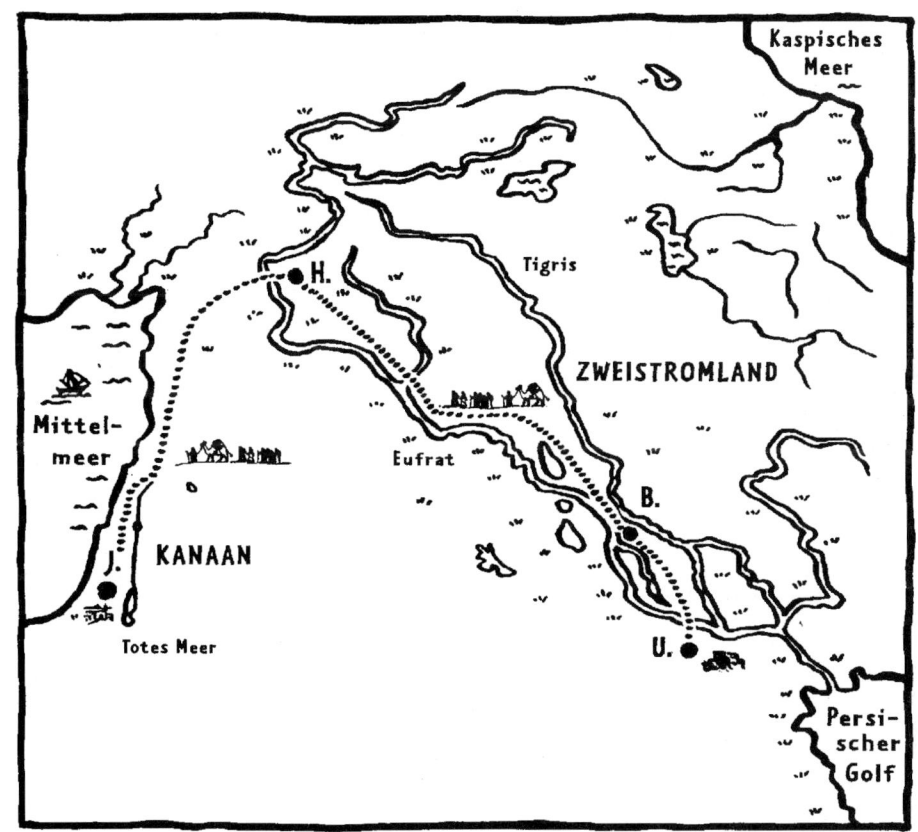

Gott sprach zu Abraham:
Zieh weg aus deiner Heimat!
Zieh weg von deinen Verwandten!
Zieh weg von deinen Freunden!
Abraham tat, was Gott von ihm wollte.

Abraham _____ Gott.

Abraham _____ an Gott.

Abraham _____ Gott.

Abraham _____ auf Gott.

- Trage die Worte »vertraute / glaubte / hörte / gehorchte« in der richtigen Reihenfolge in die Sätze ein.

- Denkt miteinander darüber nach, was es bedeutet, auf Gott zu hören, ihm zu vertrauen, an ihn zu glauben.

A 48

Zeige mir, Herr, deine Wege

In einem sehr alten Gebet, wie es Abraham gebetet haben könnte, heißt es:

Zeige mir, Herr, deine Wege,
lehre mich deine Pfade!
Führe mich in deiner Treue und leite mich;
denn du bist der Gott meines Heiles.
Auf dich hoffe ich allezeit.

Psalm 25

Überlege und schreibe deine Gedanken in das Kästchen hinein:

- Was kann ich besonders gut?
- Sage ich Gott dafür danke?
- Was will Gott von mir, wenn er mir diese Begabungen schenkt?

Wir haben Gottes Spuren festgestellt

1. Wir haben Gottes Spuren festgestellt
auf unsern Menschenstraßen.
Liebe und Wärme in der kalten Welt,
Hoffnung, die wir fast vergaßen.
Zeichen und Wunder sahen wir geschehn
in längst vergangnen Tagen,
Gott wird auch unsre Wege gehn,
uns durch das Leben tragen.

2. Blühende Bäume haben wir gesehn,
    wo niemand sie vermutet,
    Sklaven, die durch das Wasser gehn,
    das die Herren überflutet.

3. Bettler und Lahme sahen wir beim Tanz,
    hörten die Stummen sprechen,
    aus toten Fensterhöhlen kam ein Glanz,
    Strahlen, die die Nacht durchbrechen.

T: M. Scouarnec, Übersetzung: Diethard Zils
M: Jo Akepsimas

A 49

Mit Jesus gehen

Simon und Andreas sind Brüder. Sie sind Fischer und arbeiten am See Gennesaret in Galiläa.

Als Fischer müssen sie viel arbeiten. Sie fahren mit dem Boot früh am Morgen und abends hinaus auf den See. Sie werfen ihre Netze aus. Sie müssen Fische fangen, um sie zu verkaufen. Tagsüber müssen sie die Netze flicken.

Da sehen sie Jesus auf sich zukommen. Sie kennen ihn nicht. Jesus fragt sie: »Wollt ihr mit mir gehen?«

Simon und Andreas schauen sich an. Dann fragen sie: »Wer bist du? Warum sollen wir unsere Arbeit verlassen und mit dir gehen?«

Jesus antwortet: »Ich heiße Jesus. Ich möchte den Menschen von Gott erzählen. Die Menschen sollen froh und glücklich werden, wie mein Vater im Himmel es will.«

Simon und Andreas fragen: »Hast du keine Arbeit, keine Familie?«

Jesus antwortet: »Meine Aufgabe ist für mich wichtiger als Beruf und Familie. Ich brauche viele Freunde und Freundinnen, die mit mir gehen und mir helfen.«

Andreas sagt: »Ich glaube, du hast Recht. Ich will es versuchen. Ich gehe mit dir.« Simon sagt: »Dann komme ich auch mit. Und da draußen auf dem See sind Jakobus und Johannes. Die machen bestimmt auch mit.«

Jesus ruft Jakobus und Johannes. Sie kommen ans Ufer. Auch sie gehen mit Jesus. Jetzt sind sie schon fünf.

Es werden immer mehr, bis heute.

Nach Markus 1

Mit Jesus gehen, das heißt:

ausbrechen aus dem gewohnten Trott
innehalten in der Alltagshektik
hinsehen
hinhören
sich öffnen für Neues
weitersagen

- Du gehörst auch zu Jesus. Du bist auf seinen Namen getauft.
- Erzählt euch, was ihr von Jesus wisst.

> • Wie kannst du in deinem Leben zeigen, dass du zu Jesus gehörst?
> Schreibe es in das Kästchen.

A 50

Christophorus

Es war einmal ein Mann, der hieß Ophorus. Er war groß und stark, so stark wie niemand sonst auf der Welt. Viele Menschen hatten Angst vor ihm. Das machte Ophorus traurig, und er dachte: »Ich will gehen und dem stärksten und mächtigsten Herrn der Welt dienen.«

Ophorus machte sich auf den Weg. Überall fragte er nach dem mächtigsten Herrn der Welt. Schließlich kam er zu einem König, der sehr reich war und so viele Soldaten hatte, dass er jeden Krieg gewann. Ophorus dachte: »Das ist der größte Herr der Welt. Ihm will ich dienen.« Und er blieb bei dem König.

Nach einiger Zeit stand wieder ein Krieg bevor. Ein furchtbares Gewitter ging über das Schloss nieder. Ophorus sah den König bleich an der Mauer stehen und stöhnen: »Oh, ein schlechtes Zeichen, der Böse will uns vernichten.« Diesen Krieg verlor der König. Ophorus dachte: »Er ist doch nicht der mächtigste Herr. Der Böse ist mächtiger als er. Ich will ihn suchen und ihm dienen.«

Und er ging und fragte alle Menschen, die ihm begegneten: »Wo finde ich den Bösen?« Die Leute antworteten ihm: »Der Böse, das ist der Teufel. Er ist überall dort, wo Böses geschieht. Du dienst ihm, wenn du selbst Böses tust und andere Menschen zum Bösen anstiftest. Hass, Neid, Krieg, Streit, Lüge sind seine Erkennungszeichen.« Ophorus brauchte nicht lange zu suchen. Böses geschah überall. Er fand den Teufel und diente ihm.

Eines Tages kamen sie an einem Wegzeichen vorbei. Es war ein Wegkreuz. Erstaunt sah Ophorus, wie der Böse davor ängstlich zur Seite wich. Ophorus sah sich das Kreuz genau an. Ein Mann hing daran. Dieser Mann am Kreuz, dachte er bei sich, ist mächtiger als der Böse. Ich will gehen und ihm dienen.

Und er machte sich auf den Weg. »Wer ist der Mann am Kreuz?«, fragte er alle Menschen, die ihm begegneten. »Das ist Jesus Christus«, antworteten sie ihm, »du dienst ihm, wenn du zu allen Menschen gut bist. Er hat die Menschen so lieb gehabt, dass er sogar für sie am Kreuz gestorben ist.« Ophorus traf einen Mann, der viel von Jesus wusste. »Wie kann ich ihm dienen?«, fragte er ihn.

Der Mann sah ihn an und sagte: »Du bist groß und stark. Jesus kannst du dienen, wenn du das, was du am besten kannst, zum Wohl der Menschen einsetzt. Hier in der Nähe fließt ein reißender Fluss. Niemand kann ihn überqueren. Es gibt keine Brücke und kein Boot. Du kannst die Menschen mit deiner Kraft sicher hinübertragen.«

Ophorus baute sich am Ufer des Flusses eine Hütte. Viele Jahre lang trug er die Menschen sicher hinüber. Ophorus wartete auf Jesus. Eines Nachts, es war dunkel und stürmisch, hörte er eine Stimme rufen: »Ophorus, Ophorus, bring mich ans andere Ufer!« Ophorus ging aus der Hütte und sah ein kleines Kind am Ufer stehen. »Eine leichte Last,« dachte er, nahm das Kind auf seine Schulter, den Stab fest in die Hand und stieg in das Wasser.

Das Kind, das ihm erst so leicht erschien, wurde immer schwerer. Die Last drückte auf seine Schultern, das Wasser stieg immer höher. Mit letzter Kraft erreichte Ophorus das andere Ufer. Er setzte das Kind auf die Erde und sagte: »Mir ist, als hätte ich die ganze Welt auf meinen Schultern getragen.« Das Kind antwortete: »Du hast den Herrn der Welt getragen. Ich bin Jesus Christus, auf den du schon so lange wartest. All die Jahre hast du mir treu gedient, als du die Armen und Schwachen über den Fluss getragen hast. Von jetzt an sollst du nicht mehr ›Ophorus‹ heißen, sondern ›Christophorus‹, das heißt: der, der Christus trägt. Damit du siehst, dass ich die Wahrheit spreche, nimm deinen Stab und stecke ihn neben deiner Hütte in die Erde. Morgen früh wird er blühen.«

Dann verschwand das Kind. Christophorus ging zur Hütte und pflanzte seinen Stab daneben. Am anderen Morgen trug er Blüten. Christophorus war glücklich. Er durfte Christus tragen.

A 51

Der Weg des Christophorus

Ophorus war auf der Suche nach dem größten Herrn. Er machte sich auf den Weg.

Er fand den größten und mächtigsten König und diente ihm.

Er fand den Bösen und diente ihm.

Er sah den Mann am Kreuz und suchte ihn.

Er diente Jesus, indem er das tat, was er am besten konnte:

Er fand den Herrn der Welt und trug ihn über den Fluss.

A 52

Fronleichnam

Am Donnerstag ist ein Feiertag. Da wird Fronleichnam gefeiert.

Vor der Kirche ist ein Altar aufgebaut. Er ist mit vielen Blumen geschmückt. Markus hat heute den Anzug wieder angezogen, den er am Tag seiner Erstkommunion getragen hat. Auch die Mädchen tragen wieder ihre weißen Kleider.

Nach der Messe in der Kirche betet der Pfarrer vor dem Alter, der vor der Kirche aufgebaut ist. Dann geht er zusammen mit den Kaplänen und den Leuten, die in der Messe waren, die Stufen hinunter. Es bildet sich ein langer Zug, dem sich die Erwachsenen und Kinder anschließen. Der Priester schreitet unter einem Baldachin und trägt die Monstranz. Die Leute sagen: »Er schreitet unter dem Himmel.«

Ganz langsam gehen alle hintereinander durch die Straße. Laut tönt ihr Singen durch die Stadt. Die Kinder laufen voran und streuen Blumen. Sie gehen bis zu einem anderen Altar, der vor einem Haus aufgebaut ist. Er ist mit vielen Blumen geschmückt. Der Pfarrer betet vor dem Altar und segnet die Menschen. Dann gehen alle singend und betend weiter. Sie gehen durch die Straßen und über die Feldwege. Vier Altäre sind im Freien aufgebaut. Alle sind bunt mit Blumen geschmückt. Vor jedem Altar halten sie an und beten. Zum Schluss gehen sie wieder zurück in die Kirche. Dort versammeln sich alle zu einer Andacht.

Markus hat während des Umzugs seinen Freund, den Uli, gesehen. Er stand neben seinem Vater vor der Konditorei und hat sich auch den langen Zug angesehen. Markus hat ihm ein bisschen zugewinkt. Und Uli hat gelacht und genickt.

Rolf Krenzer

So lang ist unsre Reihe

2. Wir tragen bunte Kleider.
   Wir werden immer mehr.
   Dich, Christus, wolln wir ehren;
   denn du bist unser Herr.

3. Wir haben bunte Bänder.
   Wir werden immer mehr.
   Dir, Christus, wolln wir danken;
   denn du bist unser Herr.

4. Wir tragen schöne Blumen.
   Wir werden immer mehr.
   Dich, Christus, wolln wir grüßen;
   denn du bist unser Herr.

5. Wir geben uns die Hände.
   Wir werden immer mehr.
   Dich, Christus wolln wir lieben;
   denn du bist unser Herr.

T: Rolf Krenzer   M: Ludger Edelkötter

A 53

Exodus – Volk Gottes unterwegs

Mose führte das Volk Gottes, das Volk Israel, aus dem Land Ägypten. Dort waren die Israeliten Sklaven. Mose befreite sie aus der Hand des Pharao. Niemand wusste den Weg. Aber Gott zeigte ihnen die Richtung. Am Tag zog er in einer Wolke vor ihnen her, in der Nacht wurde sie rot wie Feuer. So gelangten sie an das Rote Meer. Da merkten die Israeliten, dass die Ägypter sie verfolgten, um sie zurückzuholen. Mose betete zu Gott. Er zeigte mit seinem Wanderstab über das Meer, wie Gott es ihm gesagt hatte. Da kam ein heftiger Wind auf, der das Meer teilte, so dass die Israeliten hindurchziehen konnten. Als die Ägypter sie verfolgen wollten, verteilte sich das Wasser wieder und viele Ägypter ertranken.

Gott führte die Israeliten weiter durch die Wüste. Der Weg durch die Wüste war mühsam. Die Israeliten waren oft hungrig und durstig. Oft schimpften sie auf Mose und auf Gott. Aber immer wieder half Gott ihnen, und sie wanderten weiter, bis sie zu dem Land kamen, dass Gott ihnen versprochen hatte. Mose zeigte den Israeliten das Land. Seinem Nachfolger Josua sagte Mose: »Führe du das Volk in das versprochene Land. Ich bin alt. Gott ruft mich.« Dann starb Mose, aber Josua führte die Israeliten in das Land Kanaan, das Gott ihnen versprochen hatte. Die Wanderung der Israeliten dauerte vierzig Jahre. Aber Gott blieb immer bei seinem Volk.

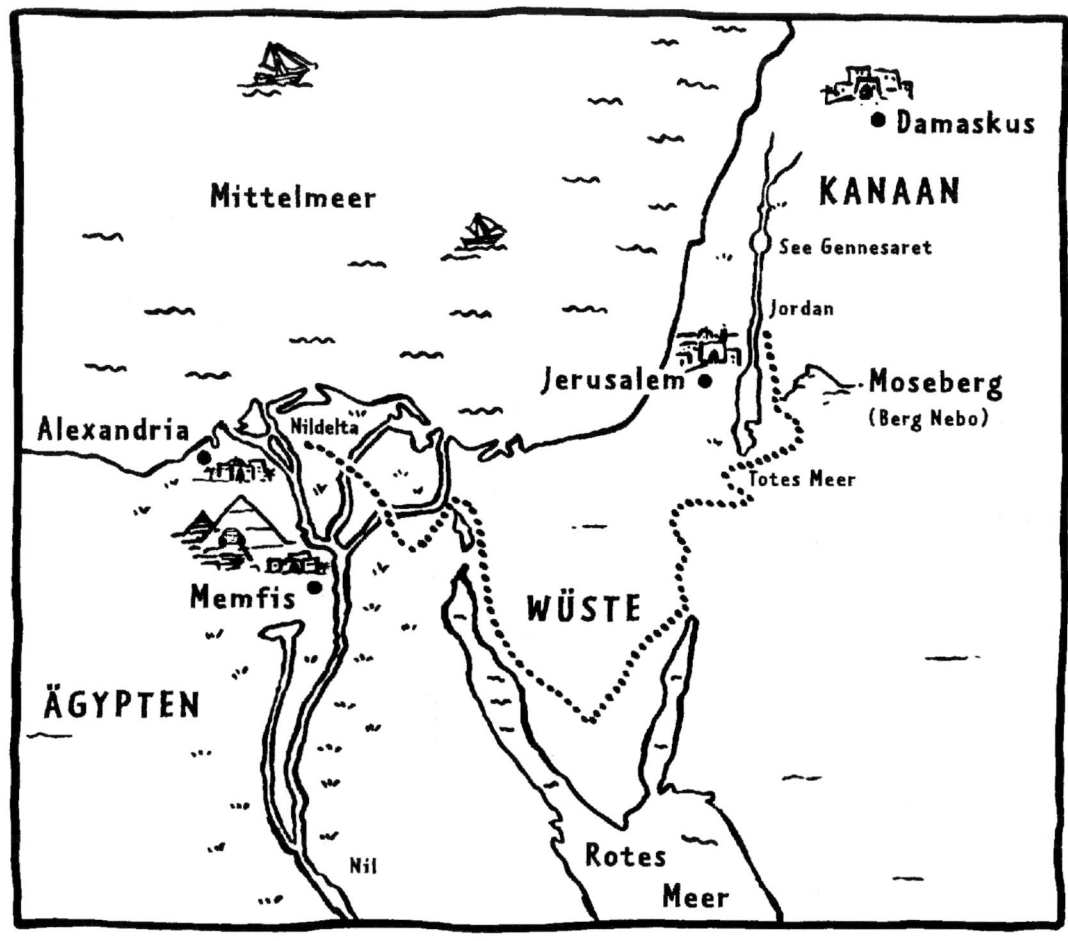

Hier siehst du eine Landkarte. Sie zeigt einen Teil des Landes Ägypten und dann den Weg der Israeliten durch die Wüste bis in das Land Kanaan. Zeichne den Weg des Gottesvolks mit einem bunten Stift nach. In anderen Geschichten aus der Bibel wirst du noch mehr von dem erfahren, was die Israeliten in den vierzig Jahren auf ihrem Zug durch die Wüste erlebt haben.

A 54

Wallfahrt

Die Kirche ist heute das Volk Gottes. Alle getauften Christen gehören dazu.

Wenn sich heute Christen auf den Weg machen, nennen sie es eine »Wallfahrt«.

Sicher hast du auch schon einmal einen längeren Ausflug gemacht. Du bist gewandert oder gefahren. Zwischendurch machst du Pausen. Du erholst dich. Du isst und trinkst, du denkst an deinen Weg und an das Ziel, das du hast.

Wenn Christen eine »Wallfahrt« machen, dann gehen sie auch zu einem bestimmten Ziel. Meistens ist es eine Kirche oder ein Kloster an einem »Wallfahrtsort«. Wenn sie unterwegs sind und Pausen machen, beten sie. Sie denken daran, dass Gott mit ihnen auf dem Weg ist, nicht nur an diesem Tag, sondern ihr ganzes Leben lang. Zwischendurch erholen sie sich. Sie essen und trinken. Am Ende feiern sie oft die Heilige Messe, um auch mit Jesus und untereinander Mahl zu halten.

Oft stehen am Rand des Wegs Kreuze. Wegkreuze nennen wir sie. Auch sie sagen uns immer wieder: Gott ist mit uns auf dem Weg.

Du und ich, wir alle, sind unterwegs zu Gott.
Du und ich, wir alle, wir wandern bis zum Tod.
Du und ich, wir alle, ziehn aus Ägypten aus.
Du und ich, wir alle,
sind auf dem Weg nach Haus.

Hubertus Halbfas

Stell dir vor, du machst mit anderen einen Ausflug, eine Wallfahrt. Euer Ziel ist eine Kirche.
Überlege dir und schreibe in die Kästchen:

Wo möchtest du gerne hingehen?

Wer soll dich begleiten?

Was nimmst du auf die Wanderung mit?

Wofür möchtest du beten?

A 55

Mit der Kirche unterwegs

Aus den Dörfern und Städten
sind wir unterwegs zu dir.

Aus den Tälern und Bergen
sind wir unterwegs zu dir.

Mit den leidenden Brüdern und Schwestern
sind wir unterwegs zu dir.

Mit den lachenden Kindern
sind wir unterwegs zu dir.

Als Bauleute des Friedens
sind wir unterwegs zu dir.

Als Boten der Gerechtigkeit
sind wir unterwegs zu dir.

Als Zeugen deiner Liebe
sind wir unterwegs zu dir.

Als Glieder deiner Kirche
sind wir unterwegs zu dir.

Wenn wir das Brot teilen
sind wir unterwegs zu dir.

Wenn wir die Schwachen stützen
sind wir unterwegs zu dir.

Wenn wir für die Verfolger beten
sind wir unterwegs zu dir.

_____

sind wir unterwegs zu dir.

_____

sind wir unterwegs zu dir.

_____

sind wir unterwegs zu dir.

Wenn wir Gottesdienst feiern
bist du bei deinem Volk.

Hier siehst du ein Kirchenlied, wie es Menschen
in Lateinamerika singen.
Sie sind unterwegs zu Gott, sagen sie.

- Lies es gut durch.
- Versuche in den freien Zeilen am Ende weitere
  Verse zu diesem Lied zu dichten.

A 56

Wegbegleiter durch mein Leben

Du bist in deinem Leben schon viele Wege gegangen. Dein ganzes bisheriges Leben kann wie ein großer Weg gesehen werden. Auf diesem Weg warst du nicht allein. Menschen waren dir Wegbegleiter. Eltern, Freunde, Geschwister und andere mehr.

- Hier siehst du Stationen deines Lebensweges. Male oder schreibe in die Kästchen daneben die Menschen, die dich auf deinem Weg begleitet haben.

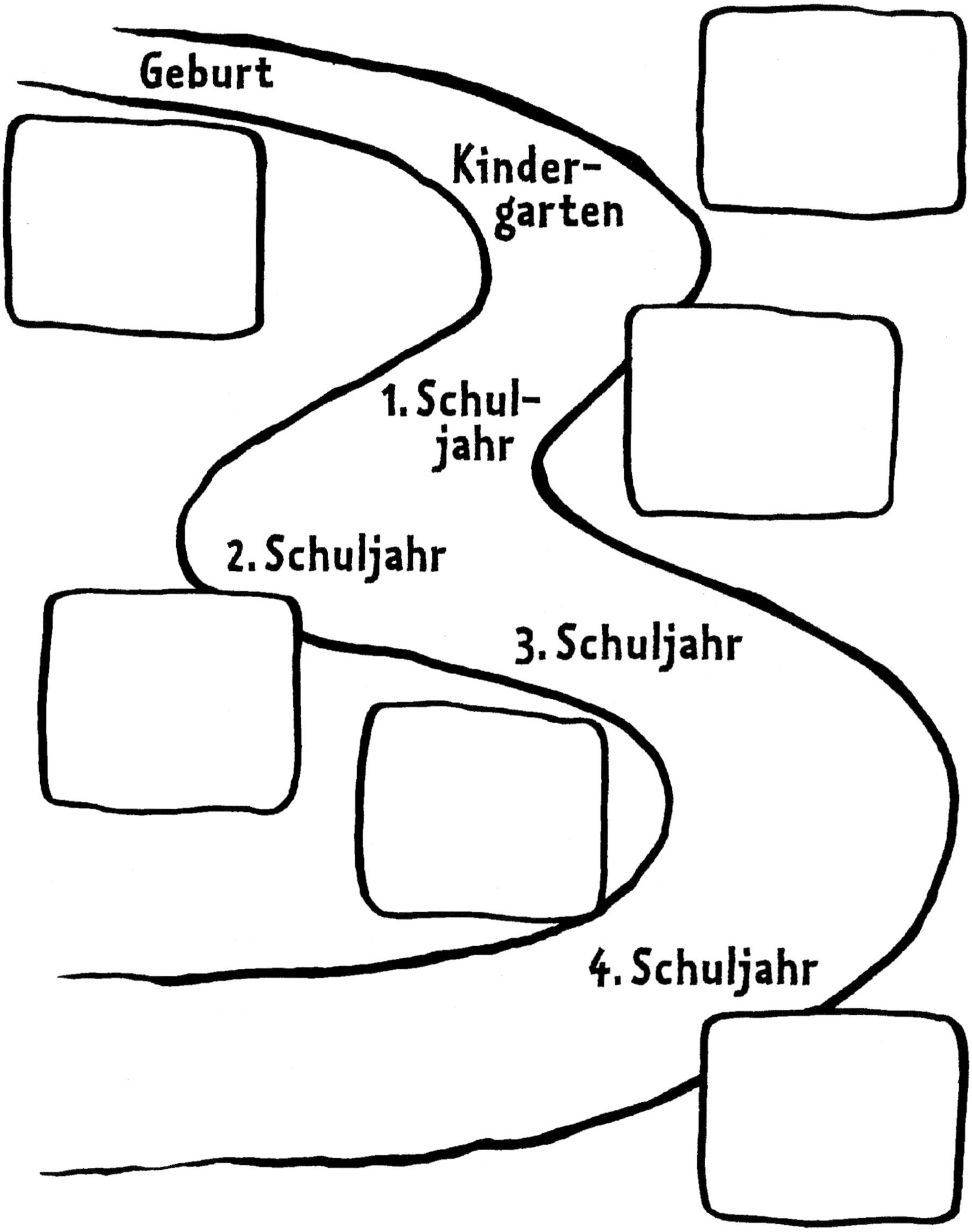

Geburt

Kinder-garten

1. Schul-jahr

2. Schuljahr

3. Schuljahr

4. Schuljahr

A 57

Tobias und Rafael (Text)

In der Bibel steht eine Geschichte, die von einem Wegbegleiter erzählt:

In Israel lebte ein Mann, der hieß Tobit. Tobit war ein gottesfürchtiger Mann. Er war blind. Deshalb schickte er seinen Sohn Tobias auf Reisen. Er sagte zu ihm: »Suche dir einen Reisegefährten, damit du auf dem weiten Weg nicht allein bist.« Tobias ging auf die Suche. Gott meinte es gut mit Tobias, und er schickte ihm Rafael, einen Engel, damit er Tobias beschützt. Tobias wusste aber nicht, dass Rafael ein Engel, ein Bote Gottes war. Tobias brachte Rafael zu seinem Vater und Tobit war einverstanden, dass Rafael sein Reisebegleiter sein sollte. Tobias packte seine Sachen für die Reise zusammen. Tobit sagte: »Mach dich mit dem Mann auf den Weg! Gott, der im Himmel wohnt, wird euch auf eurer Reise behüten; sein Engel möge euch begleiten!« So machte sich Tobias mit Rafael auf den Weg. Sein kleiner Hund lief auch mit. Nach einer langen Reise kehrten die beiden wohlbehalten zu Tobit zurück. Unterwegs hatte Rafael dem Tobias ein Heilmittel für die blinden Augen des Tobit gezeigt. Außerdem hatte Tobias eine Weggefährtin für sein Leben gefunden. Tobit sagte zu Tobias: »Du musst nun deinen Reisebegleiter belohnen. Du musst ihm aber mehr geben, als wir vereinbart haben, denn er hat uns große Dienste erwiesen.« Als Tobias zu Rafael kam und ihm seinen Lohn auszahlen wollte, sagte dieser: »Nicht mich müsst ihr belohnen. Ich bin Rafael, der Engel Gottes. Er hat mich geschickt um euch zu behüten.« Danach war er verschwunden. Tobit und Tobias aber lobten Gott und dankten ihm für seine Hilfe.

Wer im Schutz des Höchsten wohnt
und ruht im Schatten des Allmächtigen,
der sagt zum Herrn:
»Du bist für mich Zuflucht und Burg,
mein Gott, dem ich vertraue.«
Er rettet dich aus der Schlinge des Jägers
und aus allem Verderben.
Er beschirmt dich mit seinen Flügeln,
unter seinen Schwingen findest du Zuflucht,
Schild und Schutz ist dir seine Treue.
Du brauchst dich vor dem Schrecken
der Nacht nicht zu fürchten,
noch vor dem Pfeil, der am Tag dahinfliegt,
nicht vor der Pest, die im Finstern schleicht,
vor der Seuche, die wütet am Mittag.
Denn der Herr ist deine Zuflucht,
du hast dir den Höchsten als Schutz erwählt.
Dir begegnet kein Unheil,
kein Unglück naht deinem Zelt.
Denn er befiehlt seinen Engeln,
dich zu behüten auf all deinen Wegen.
Sie tragen dich auf ihren Händen,
damit dein Fuß nicht an einen Stein stößt;
du schreitest über Löwen und Nattern,
trittst auf Löwen und Drachen.
»Weil er an mir hängt, will ich ihn retten;
ich will ihn schützen,
denn er kennt meinen Namen.
Wenn er mich anruft,
dann will ich ihn erhören.
Ich bin bei ihm in der Not,
befreie ihn und bringe ihn zu Ehren.
Ich sättige ihn mit langem Leben
und lasse ihn schauen mein Heil.«

Psalm 91

In der Bibel wird oft von Engeln erzählt, die als Boten Gottes den Menschen helfen und ihnen beistehen. Immer, wenn Menschen spürten: Hier ist Gott mir ganz nahe, sagten sie: Gott hat seinen Engel geschickt. Auch wenn ihnen durch andere Menschen Hilfe erwiesen wurde.

Unterstreiche im Text die Zeilen, die von Engeln erzählen.

A 58

Tobias und Rafael (Bild)

Richard Seewald, Die Heimkehr des Tobias

A 59

Ich bin bei euch alle Tage

Gott hatte dem Mose seinen Namen gesagt: Ich bin der »Ich bin da«. In der Geschichte mit seinem Volk Israel hat er gezeigt, dass dieser Name richtig ist. Dann hat er seinen Sohn Jesus in die Welt geschickt. Einige Menschen haben auf ihn gehört. Andere haben ihn verfolgt und gekreuzigt. Aber Gott hat ihn auferweckt. Er ist seinen Freunden begegnet. Bevor er dann zu Gott seinem Vater zurückgekehrt ist, hat er seinen Aposteln gesagt: »Geht zu allen Völkern der Erde. Macht alle Menschen zu meinen Freunden und tauft sie im Namen des Vaters und des Sohnes und des Heiligen Geistes. Verkündet ihnen die frohe Botschaft vom Reich Gottes!« Und dann sagte er noch: »Ihr könnt ganz sicher sein: Ich bin bei euch alle Tage bis zum Ende der Welt!«

Wir spüren, dass Jesus ganz nah bei uns ist, wenn wir miteinander Gottesdienst feiern und Mahl halten.

Ein anderes Mal hat er seine Freunde getröstet und gesagt: »Ja, ich werde weggehen, aber ich lasse euch nicht allein. Ich werde meinen Vater bitten und euch einen Beistand schicken, der für immer bei euch bleiben soll: den Heiligen Geist. Er wird euch durch alle Not führen und bei euch sein.«

Jesus hat Wort gehalten. Am Pfingstfest hat er seinen Heiligen Geist gesandt. Immer dann, wenn wir spüren: Jetzt ist Gott da, dann spüren wir den Heiligen Geist Gottes.

Nach Matthäus 28 und Johannes 14

Das wünsch' ich sehr

Das wünsch' ich sehr, dass immer einer
bei mir wär', der lacht und spricht:
Fürch - te dich nicht!

T: Kurt Rose   M: Detlev Jöcker

A 60

Segen

Wenn wir einen Segen erhalten, dann bedeutet das: Gott sei bei dir und begleite dich.

Wir erhalten einen Segen nach jedem Gottesdienst.

Der Priester macht ein großes Kreuzzeichen über alle Menschen, die im Gottesdienst sind, und spricht dabei:

> »Es segne euch der allmächtige Gott, der Vater, der Sohn und der Heilige Geist! Amen.«

Manchmal segnet uns jemand, zeichnet ein kleines Kreuz auf unsere Stirn und sagt:

> **Gott segne dich.**

Aus Irland kommt dieser Segensspruch:

> **Möge die Straße dir entgegeneilen,**
> **möge der Wind**
> **immer in deinem Rücken sein.**
> **Möge die Sonne**
> **warm auf dein Gesicht scheinen**
> **und der Regen**
> **sanft auf deine Felder fallen.**
> **Und bis wir uns wieder sehen,**
> **halte Gott dich im Frieden**
> **in seiner Hand.**

Aus der Ukraine kommt dieser Segensspruch:

> **Gott schicke den Tyrannen Läuse,**
> **den Einsamen Hunde,**
> **den Kindern Schmetterlinge**
> **den Frauen Nerze,**
> **den Männern Wildschweine,**
> **uns allen aber einen Adler,**
> **der uns auf seinen Flügeln**
> **zu Gott trägt.**

Nach einem Bibeltext entstand das folgende Segenslied:

Der Herr seg - ne und___ be -
hü - te dich! Er zei – ge
dir___ sein An - ge - sicht, er -
bar - me, er - bar - me sich dei – ner und
schen - ke dir den Frie – den!

T: *Franziskussegen nach Numeri 6,24–26*
M: *Joseph Schäfer*

- Vergleiche die Segenssprüche miteinander. Was ist ihnen gleich, was unterscheidet sie?
- Schreibe deinen eigenen Segensspruch in das leere Kästchen.

Einführung

Das Symbol »Weg« ist neben anderen das Symbol für das Leben des Menschen und für sein Leben mit Gott schlechthin. Zahlreiche Bildworte vom »Lebensweg« und von Weggeschichten in der Bibel geben davon Zeugnis. Zeit wird oft gleichgesetzt mit dem Weg, der zurückgelegt wurde.

Wege, wie sie uns heute begegnen und wie Kinder sie erleben, sind vielfältig. Zu den Feld- und Waldwegen sind gepflasterte Straßen, Autobahnen und Schienen gekommen.

Aber gleich wie Wege aussehen, sie haben immer einen Anfang und ein Ziel. Neue Wege zu suchen und zu erforschen ist für viele Menschen ein spannendes Erlebnis, egal ob es wirklich Wege sind oder ob es sich um »neue Wege« auf irgendeinem anderen Gebiet handelt, die es zu entdecken gilt. Neue Wege zu erforschen kann aber auch gefährlich sein und deshalb begeben sich viele Menschen nicht auf neue Wege sondern gehen lieber auf den gewohnten »Geleisen«.

Ein besonderes Element der Wegsymbolik ist das Symbol der Brücke. Brücken setzen Wege fort, verbinden unwegsames Gelände wie Bäche, Flüsse, Taleinschnitte usw. miteinander. Sie sind der Garant dafür, dass Wege weitergehen, auch über schwierige Wegstrecken hinaus.

Aus diesem Grund ist die Brücke ein weit verbreitetes Symbol für die Verbindung und Vermittlung von Entgegengesetztem, von Vergangenem und Zukünftigem.

Brücken bestehen aus einem Unterbau (Pfeiler, Bögen) und einem Überbau aus den unterschiedlichsten Materialien. Man bezeichnet sie je nachdem, welchem Zweck sie dienen, als Fußstege, Straßen-, Eisenbahn-, Kanal-, Talbrücken oder ähnlich.

Bei vielen Völkern findet sich die Vorstellung von einer Himmel und Erde verbindenden Brücke. Anklänge an diese Vorstellung sind auch im Traum Jakobs von der »Himmelsleiter« zu entdecken. Die Brücke ist das Symbol des »Übergangs« von einer Welt in eine andere.

Auf der anderen Seite ist die Brücke zum Symbol der Völkerverständigung, der Versöhnung und des Miteinanders geworden. Es werden symbolische Brücken von Ost nach West, von Nord nach Süd, über Meere und Kontinente hin geschlagen, nicht zuletzt auch in den alltäglichen Gegebenheiten von Streit und Versöhnung.

Von besonderer Bedeutung ist die Wegsymbolik in Form der Spirale und des Labyrinths. Beide symbolisieren die Hoffnung, dass der Lebensweg des Menschen an seinem tiefsten Punkt, im Tod, den Tod überwindet. Dieser tiefste Punkt ist bei Spirale und Labyrinth die Mitte. Labyrinthwege und Spiralenwege wurden durchschritten und getanzt. Labyrinthe in den Kathedralen von Amiens und Chartres sollten den mühsamen Weg der Erkenntnis des Glaubens und der Wissenschaft symbolisieren, der letztlich aber doch zur Mitte führt.

Der Weg durch das Jahr zeigt den Lebensrhythmus des Menschen im Jahreskreis auf. Frühling, Sommer, Herbst und Winter, die der Menschen mit den unterschiedlichsten Festzeiten immer wieder erlebt, machen zugleich deutlich, wie der Mensch in den Rhythmus von Werden und Vergehen und Neubeginn eingebunden ist.

Die Lebenszeit des Menschen wird als Wanderung bezeichnet, die mit der Geburt beginnt und mit dem Tod endet. Der Mensch lernt laufen und bewegt sich durch sein Leben. Der Lebensweg eines Menschen kann nicht vorausgesehen und bis ins Letzte geplant werden.

Es verwundert nicht, dass für die Menschen der Weg schon früh zum Sinnbild für das Leben wurde. Das ganze Leben wurde als Pilgerfahrt verstanden, als ein Weg zu Gott, auf dem der Mensch Glück und Sinn findet.

Auf seinem Lebensweg ist der Mensch zunächst einsam. Jeder und jede muss den ureigenen Weg gehen, eigene Erfahrungen machen, die ihm/ihr keiner abnehmen kann, auch dann nicht, wenn der eigene Weg über Umwege und Irrwege führt.

Weggabelungen fordern zur Entscheidung heraus. Um die Orientierung nicht zu verlieren, bedarf es oft einiger Hilfsmittel: Wegweiser, Landkarten, Kompass ... Unterwegssein, das bedeutet auch Gefahr. Es gibt Umwege, die einen an den Rand der Erschöpfung bringen. Wer sich schon einmal verirrt hat, weiß wie viel Angst es auslösen kann, sich auf Irrwegen zu befinden oder in einer Sackgasse oder Einbahnstraße zu landen. Gerät man so auf den falschen Weg, muss man umkehren.

Der gläubige Christ geht mit der Überzeugung durchs Leben, dass Gott ihn auf seinem Lebensweg begleitet und dass auch Jesus mit ihm ist.

Das Alte Testament reiht eine »Weggeschichte« an die andere, ja, es ist die große Weggeschichte Gottes mit seinem auserwählten Volk: Abraham macht sich auf den Weg ins Ungewisse. Jakob zieht weg und kommt verwandelt wieder. Josef geht einen langen Weg, bis er seine Familie wieder findet. Das Volk Israel wandert 40 Jahre durch die Wüste ... Die Wegerfahrungen im Alten Testament verbinden sich untrennbar mit Gotteserfahrungen. Gott erweist sich als der, der mitgeht.

Im Neuen Testament setzt Jesus diese Wegtradition fort: Er ist mit seinen Jüngern ständig unterwegs. Häufig erzählt er »Weggeschichten«; im Johannesevangelium sagt er: »Ich bin der Weg.«

So kommt es, dass die ersten christlichen Gemeinden ihre Lebensgemeinschaft als den »Neuen Weg« verstehen. Die Kirche bezeichnet sich noch heute als »Volk Gottes unterwegs«. Und das kommt auch in der Liturgie zum Ausdruck: Einzüge, Auszüge, Prozessionen sind, wenn auch oft verkümmert, noch vorhanden. Am Fest Fronleichnam wird besonders deutlich, dass die Gemeinde mit Jesus unterwegs ist.

Deutlich wird an den Weggeschichten der Menschen und auch in denen der Bibel, dass der Mensch, wenn er auch seinen ureigenen Lebensweg zu gehen hat, dennoch der Weggefährten bedarf, die ihn ein Stück des Wegs begleiten. »Weggemeinschaft« ist für viele Glaubensrichtungen ein Schlüsselwort. Weggefährten können dem eigenen Lebensweg die notwendige Orientierung und Richtung geben.

Nicht zuletzt ist es auch gut, sich in Segensworten immer wieder neu der Gefährtenschaft Gottes auf unserem Lebensweg zu versichern.

Wege

A 1 Weg (Mandala)

Das Arbeitsblatt A 1 soll den Kindern einen ersten Zugang zur Wegsymbolik eröffnen. Bei ruhiger Musik sollen sie den angedeuteten Weg ausgestalten und dann ihre Fantasielandschaft dazumalen. Vorher könnte die folgende Stilleübung durchgeführt werden. (Der Text sollte langsam und mit entsprechenden Pausen vorgelesen werden, damit die Kinder ihren Vorstellungen und Träumen nachgehen können.)

Stilleübung: Mein Wegtraum
Alle sitzen im Kreis. In der Mitte ist ein Weg aus Tüchern angedeutet.
L (Leiter/in) spricht:

In der Mitte sehen wir einen Weg angedeutet.
Er ist wie viele andere Wege.
Wir wollen uns jetzt auf einen Traumweg begeben.
Wir schließen die Augen.
Wir sind unterwegs.
Wir gehen auf einem Weg.
Vor deinem inneren Auge siehst du deinen Weg.
Vielleicht ist es ein gewundener Waldweg.
Oder ein Weg im Feld.
Oder eine Straße.
Oder irgendein anderer Weg.
Du gehst deinen eigenen Weg.
Was kannst du sehen?
Was kannst du hören?
Wer begegnet dir auf dem Weg?
Wer geht mit dir auf deinem Weg?
Wir hören auf die leise Musik und träumen von unserem Weg.

L spielt leise Musik ein. Wenn die Musik zu Ende ist sagt L:

Unser Weg führt uns jetzt zurück an diesen Ort,
in diesen Raum.
Wer wieder hier angekommen ist, darf die Augen öffnen.

Im Anschluss an diese Stilleübung kann jedes Kind für sich den Weg auf A 1 ausgestalten.
Als Gemeinschaftsbild kann der Weg in der Mitte ausgestaltet oder ein anderer Weg wie in den zwei folgenden Vorschlägen gelegt werden.

Weg aus Naturmaterialien
Material: Sand, Steine, Kiesel, Blumen, Gräser, Erde, Plastikplane oder große Pappe.
Auf eine Plastikplane oder einen großen Karton wird miteinander ein Weg aus den oben genannten Naturmaterialien gelegt bzw. gebaut.

Einen Weg ausgestalten
Material: Tücher, bunte Bausteine, Hölzer, Kugeln, Steine, Blumen (echte oder aus Tonpapier).
In der Mitte ist ein Weg aus bunten Tüchern oder auch ein Weg aus Naturmaterialien (siehe oben) gelegt. Dieser Weg wird nun ausgeschmückt mit den genannten Materialien.

Zur Einführung in das Symbol Weg eignet sich auch eine kleine Wanderung, die deutlich macht, dass wir Wege gehen. Ein Weg wird auf der Wanderung ausgesucht, den die Schüler/innen dann mit bunten Stiften, wie unten beschrieben, malen dürfen. Als Erinnerung werden diese Bilder dann in der Klasse aufgehängt.

Malen nach der Natur
Material: Papier, Buntstifte oder Wasserfarben, Pinsel und Wasser.
Alle gehen mit ihrem Material ins Freie, in die Stadt, in den Wald, ganz nach Wunsch. Dort sucht sich jede/r einen Weg oder eine Straße aus einem bestimmten Blickwinkel aus und zeichnet oder malt ihn/sie.

Wenn alle wieder in der Klasse sind, können die Bilder aufgehängt und anschließend verklanglicht werden.

Verklanglichung: Unser Weg
Alle sitzen im Kreis und träumen zu leiser Musik von »ihrem« Weg. Dann erzählen sie, z. B.:
»Mein Weg ist ein schmaler Pfad. Rechts und links stehen Bäume, ein kleiner Bach fließt nebenher.«
oder:
»Mein Weg ist eine breite Straße. Große, prächtige Häuser stehen an ihrem Rand. Sie mündet in einen großen Platz.«
oder:
»Mein Weg ist eine Autobahn – die Autos flitzen.«
oder:
»Mein Weg ist ein Schienenstrang ...«
Immer, wenn ein Weg beschrieben wird, versuchen andere, das, was erzählt wird, mit den Instrumenten in der Mitte oder mit der eigenen Stimme in Klang und Geräusche umzusetzen. Viel Spaß macht es auch, wenn die Klänge auf Band aufgezeichnet werden.

Die Verklanglichung eignet sich auch zur Durchführung nach der Stilleübung oder nach dem Ausmalen des Mandalas.

A 2 Weg-Worte

Das Arbeitsblatt A 2 bietet Raum für Gedankenspiele. Diese Gedankenspiele sollten zunächst gemeinsam durchgeführt werden.
Die Gedankenspiele können an der Tafel oder auf einem großen Bogen Papier festgehalten werden. Die Schüler/innen werden aufgefordert, spontan alle Worte und Dinge zu nennen, die ihnen zum Stichwort »Weg« einfallen. L schreibt diese Worte ungeordnet auf den großen Bogen Papier.
Die Schüler/innen können dann ihre Assoziationen auf das Arbeitsblatt A 2 eintragen. Schüler/innen, die bereits gut schreiben können, können auch direkt in Einzelarbeit mit dem Arbeitsblatt beginnen. Die Ergebnisse werden anschließend an der Tafel für alle sichtbar gesammelt. Dann können die einzelnen Schüler/innen ihr Arbeitsblatt ergänzen.

A 3 Unterschiedliche Wege

Das Arbeitsblatt A 3 zeigt verschiedene Arten von Wegen. Die Schüler/innen sollen zunächst eintragen, um welche Wegformen es sich handelt.

Zu jeder Straßenart wird dann gemeinsam überlegt: Wer geht auf diesen Straßen? Wie bewegen sich die Einzelnen darauf fort? Während des Gesprächs kann das folgende bzw. ein vergleichbares Tafelbild entstehen:

Art des Wegs	Fortbewegung	Wer
Waldweg	Gehen Wandern Fahren (Geländewagen) Laufen Reiten Ski laufen ...	Spaziergänger Wanderer Förster Jäger Sportler ...
Straße usw.	Gehen Auto fahren Fahrrad fahren Laufen Motorrad fahren ...	Anwohner Passanten Einkäufer Schüler Berufstätige ...

A 4 Jeder Weg hat einen Anfang und ein Ende

Das Arbeitsblatt A 4 geht jetzt einen Schritt tiefer, von der rein äußerlichen Assoziation weg hin zur Bedeutung des Wegs für das eigene Leben. Durch die Aussage »Jeder Weg hat einen Anfang und ein Ende« wird auf das eigene Leben hin gefragt: Wo liegt der Beginn meines Wegs? Wo liegt das Ziel meines Wegs?

Um die Thematik einzuleiten kann ein Unterrichtsgespräch geführt werden mit dem Thema: Wege, die wir kennen. Wo beginnen sie? Wo enden sie?

Name des Wegs	Start	Ziel
Schulweg	zu Hause	Schule
usw.		

Kinder, die schon im Kartenlesen geübt sind, können in einen Stadtplan ihres Ortes ihren Schulweg und andere Wege mit Start und Ziel einzeichnen.

Um die Aussage des Arbeitsblatts auf das eigene Leben hin zu führen, kann die folgende Stilleübung durchgeführt werden.

Wohin gehst du?

Die Mitte ist als Weg gestaltet oder es liegt ein Bild eines Wegs in der Mitte. Alle stehen um die Mitte im Kreis.
L spricht:

In der Mitte sehen wir einen Weg.

Viele Wege gehen wir jeden Tag.
Viele Wege sind wir in unserem bisherigen Leben gegangen.

Gehen wir im Raum umher.
Wir spüren den Boden unter unseren Füßen.
Wir rollen die Fußsohle beim Gehen bewusst von der Ferse bis zu den Zehen.

Wir denken an Wege, die wir häufig gehen.

Dann setzen wir uns im Kreis um die Mitte.

Jeder Weg hat einen Anfang.
Jeder Weg hat ein Ziel.
Ohne Ziel wüssten wir nicht,
wohin wir gehen könnten.

Unseren Lebensweg können wir nur selbst gehen.

Ob er Richtung und Ziel hat, liegt an uns.
Wohin möchtest du gerne gehen?
Was möchtest du gerne werden?
Was sind deine Wünsche?

Zu dieser Stilleübung kann auch die Geschichte »Wohin gehst du?« vom Arbeitsblatt A 34 gelesen werden.
Vertiefend beschäftigen sich die Schüler/innen jetzt mit dem Arbeitsblatt. Zunächst lesen sie still für sich den Text. Dann beschreiben sie Start und Ziel. Hinterher können sie sich über die Ergebnisse austauschen.

A 5 Meine Wege

Das Arbeitsblatt A 5 dient dazu, dass die Schüler/innen einmal bewusst darüber nachdenken, welche Wege sie in ihrem Leben täglich gehen. Vielleicht haben sie dabei einen Lieblingsweg. Es ist den Kindern freigestellt, ob sie ihre Wege in die Kästchen malen oder schreiben. Vielleicht haben sie ja auch ein Foto ihres Wegs, das sie in ein Kästchen kleben können.

Vor dem Ausfüllen des Arbeitsblatts sollte ein Unterrichtsgespräch geführt werden:

Wege, die ich täglich gehe	Schulweg ...
Wege, die ich einmal in der Woche gehe	...
Wege, die ich am Wochenende gehe	...
Wege, die ich nur selten gehe	...
Wege, die ich gerne gehe	...
Wege, die ich nicht gerne gehe	...

Plakatgestaltung: Die Wege eines Tages

Material: Karton, Wachsmalstifte, Papier, Schreibstifte.
Jede/r überlegt, welche Wege er/sie am vorhergehenden Tag zurückgelegt hat, und schreibt sie auf.
Die Ziele werden auf ein Plakat geschrieben oder gemalt und mit Linien als Wegen verbunden. Wenn manche Wege mehrmals gemacht wurden, diese Wege auch mehrmals einzeichnen.

A 6 Die Straße, die an keinen Ort führt

Das Arbeitsblatt A 6 (zwei Blätter) erzählt die Geschichte »von der Straße, die an keinen Ort führt«, weil niemand sich traut, sie wirklich zu gehen. Bis der kleine Martino es wagt und tatsächlich das Glück auf dieser Straße findet. Aber es ist nur dann zu erreichen, wenn man die Mühen des Wegs auf sich nimmt.

Das erste Blatt erzählt den Anfang der Geschichte bis zur Entscheidungssituation: Soll Martino umkehren oder weitergehen?

Gründe für Martino umzukehren	Gründe für Martino weiterzugehen

Die Gründe dafür und dagegen werden miteinander besprochen und an der Tafel festgehalten.

Dann überlegt jedes Kind für sich, wie die Geschichte weitergeht, wenn Martino seinen Weg fortsetzt. Bei jüngeren Kindern kann das im Unterrichtsgespräch stattfinden, bei älteren kann jedes Kind für sich die Geschichte schriftlich fortsetzen und hinterher werden die Lösungsmöglichkeiten vorgestellt.

Das freie Feld auf dem Arbeitsblatt kann dazu genutzt werden, das Dorf mit den drei Wegen zu malen und die Straße, die an keinen Ort führt, zu kennzeichnen, oder auch die Fortsetzung der Geschichte nach der Vorstellung der Kinder hineinzuschreiben.

Im Anschluss daran wird die Geschichte auf Blatt 2 weitergelesen und im Unterrichtsgespräch zu ergründen versucht.

Warum kommen die anderen Leute aus dem Dorf auf der Straße nicht weiter?	Was gehört dazu, einen unbekannten Weg zu gehen?
	Neugier Mut Vertrauen Durchhaltevermögen …

Zur Auflockerung kann das folgende Spiel gespielt werden, in dem auch alle losgehen und letztlich doch nur Eine/r am Ziel ankommt, weil eben nur ein Platz übrig bleibt.

Die Reise nach Jerusalem (Spiel)

In der Mitte steht eine Stuhlreihe, deren Sitzflächen abwechselnd nach links oder rechts zeigen (oder zwei Reihen, deren Lehnen sich berühren). Es gibt einen Stuhl weniger als Mitspieler/innen da sind. Zu Musik gehen alle um diese Stuhlreihe(n) im Kreis. Wenn die Musik aussetzt, setzen sich alle auf einen Stuhl. Wer keinen Platz hat, scheidet aus, ein Stuhl wird aus der Reihe genommen, und das Spiel beginnt von vorn. Das geht so weiter, bis nur noch zwei Personen um einen Stuhl herumgehen. Dann wird der/die Gewinner/in ermittelt.

Brücke

A 7 Brücke (Mandala)

Mit dem Arbeitsblatt A 7 wird ein neues Weg-Symbol, die Brücke eingeführt. Die Kinder sollen die dargestellte Brücke im Mandala bei ruhiger Musik ausmalen und dazu eine Landschaft malen, in der sie sich diese Brücke vorstellen. Gemeinsam können spontane Äußerungen gesammelt werden, die den Kindern bei dem Wort »Brücke« einfallen. Sie werden an der Tafel gesammelt und die Kinder können sie dann um ihr »Brückenbild« herumschreiben.

Brücke aus Streichhölzern basteln
Material: Viele abgebrannte Streichhölzer (oder kleine Zweige), Klebstoff, Pappe als Untergrund.
Zunächst werden mindestens drei Brückenpfeiler aus den Streichhölzern hergestellt: Drei mal vier Streichhölzer werden in bestimmten Abständen im Quadrat auf den Karton geklebt, die Pfeiler dann durch übereinander geklebte Streichhölzer in die Höhe gezogen, der mittlere etwas höher als die äußeren. Dann wird von einem Ende zum anderen der Brückenbogen gespannt, indem viele Streichhölzer aneinander geklebt werden. Wichtig: Darauf achten, dass die Pfeiler nicht zu weit auseinander stehen, damit der Brückenbogen genug Halt hat.

Brücke aus Pappschachteln kleben
Material: Pappschachteln in unterschiedlicher Größe, Klebstoff, Wasserfarben, Pappe als Unterlage.
Aus den Pappschachteln werden Pfeiler und Brückenbogen gebastelt und dann auf der Pappunterlage festgeklebt. Diese Brücke kann noch mit einem Torhäuschen oder Ähnlichem überbaut werden.

Tischcollage: Brückenlandschaft
Material: Steine, buntes Krepppapier, Karton, Pappschachteln, Klebstoff, Zweige, andere Naturmaterialien, Gips, Zeitungen, Kleister.
Aus dem oben beschriebenen Material, das noch weiter ergänzt werden kann, wird auf einem Tisch oder großem Pappkarton eine Landschaft nach eigener Vorstellung geplant und dann gebaut, die von mehreren Brücken durchzogen ist, die aus Holz, Pappmaché (aus Zeitungsschnipseln und Kleister) oder Gips (in Pappformen gegossen) hergestellt werden.

Brücke gestalten
Material: Zwei Stühle, ein Holzbrett, viele bunte Tücher.
In die Mitte werden zwei Stühle gestellt, die durch ein Holzbrett miteinander verbunden werden. Sie bilden das »Gerüst« für die Brücke, die jetzt von allen Teilnehmer(inne)n mit bunten Tüchern verkleidet und zu der aus den Tüchern eine bunte Landschaft gelegt wird.

A 8 Unterschiedliche Brücken

Das Arbeitsblatt A 8 stellt unterschiedliche Brückenarten vor. Zunächst können die Kinder im spontanen Unterrichtsgespräch Brücken beschreiben, über die sie schon gegangen sind.

Wenn es sich anbietet, kann eine Wanderung an einen Bach oder an einen Graben durchgeführt werden, über den gemeinsam eine Brücke gebaut wird.

A 8 stellt unterschiedliche Brückenkonstruktionen vor und benennt sie. Nach dem Unterrichtsgespräch werden die entsprechenden Bezeichnungen in die freien Kästchen eingetragen. In das leere Kästchen malt jedes Kind seine Fantasiebrücke. Um einen Zugang zu dieser Fantasiebrücke zu finden, kann die folgende Stilleübung durchgeführt werden.

Unsere Traumbrücke

Alle Teilnehmer/innen sitzen im Kreis. In der Mitte ist eine Brücke dargestellt.

L spricht:
In der Mitte sehen wir eine kleine Brücke dargestellt.
Sie steht da, einfach so.
Wir können nicht sehen, was sie miteinander verbindet.
Verbindet sie Ufer oder Täler oder Länder?

Wir schließen die Augen.
Wir stellen uns vor,
wir stehen am einen Ende dieser Brücke.
Wir schauen uns um.
Welche Landschaft umgibt uns?
Wälder und Wiesen?
Straßen und Städte?
Meer oder Berge?

Wir betreten unsere Traumbrücke.
Wir schauen in die Tiefe.
Was sehen wir?
Einen reißenden Fluss?
Eine tiefe Schlucht?
Das Meer?
Oder eine unergründbare Tiefe?
Wir gehen über die Brücke.
Wie fühlen wir uns?
Sicher? Oder unsicher, schwankend?

Wir erreichen das Ende der Brücke.
Was sehen wir hier auf der anderen Seite?
Wie sieht es aus, unser Traumland?

Wir nehmen die wichtigsten Bilder,
die uns begegnet sind, in uns auf.

Langsam kommen wir zurück aus unserer Traumwelt. Wir öffnen die Augen.

Autobahnbrücken (Zeichnung)

Material: Zeichenkohle, großes Zeichenblockpapier.
Alle stellen sich vor, sie fahren unter oder auf einem Gewirr von Autobahnbrücken. Ein Bild, das sich im Kopf festsetzt, wird dann mit Kohle gezeichnet.

A 9 Brücken verbinden

Das Arbeitsblatt A 9 stellt den Zweck von Brücken dar: Sie verbinden zwei Seiten, die ohne die Wegverbindung der Brücke nicht erreichbar wären.
Die Kinder malen nach einem entsprechenden Unterrichtsgespräch über die dargestellten Hindernisse ihre Brücken.

Im Unterrichtsgespräch kann auch schon anklingen, was es bedeutet, wenn wir sagen: Wir bauen Brücken von Mensch zu Mensch. Dieser Gedankengang wird mit dem Lied »Lasst uns eine Brücke bauen« (A 10) und der Geschichte (A 11) dann vertieft.

A 10 Brückenlieder

A 10 bietet zwei Lieder zum Thema »Brücke« an. Das Lied »Es führt über den Main eine Brücke von Stein« ist ein sehr altes Volkslied und stellt die Brücke als verbindendes Element dar, das nur tanzend überquert werden kann.

Tanzbeschreibung

Aufstellung in zwei Reihen, paarweise voreinander mit ca. 2 m Zwischenraum. Die beiden Reihen fassen die Hände durch und bilden so die beiden Seiten der Brücke.
1. Str.: Das Paar, das an einem Ende der »Brücke« steht, fasst sich an den Händen und hüpft im Seitgalopp durch die »Brücke«, zwischen den beiden Reihen hindurch.
2. Str.: Die beiden nächsten Paare spielen die drei Pferde und den Fuhrmann, der sich von ihnen über die Brücke ziehen lässt.
3.–5. Str.: Die genannten Personen tanzen einzeln über die Brücke.
6. Str.: Alle tanzen für sich und schwingen pantomimisch ein »Beil«.
7. Str.: Die Brücke formiert sich wieder.
8. Str.: Alle Paare reichen sich die Hände und tanzen durch den Raum.

Bildergeschichte zum Lied malen (Leporello)

Zu diesem Lied kann auch ein Gemeinschaftsbild in Form eines Leporello gemalt werden.
Material: Acht weiße Bogen Papier (DIN-A3), Wasserfarben, Pinsel.
Einige Kinder tun sich in 8 Gruppen zusammen (je nach Gruppengröße) und bekommen je eine Strophe des Liedes zugeteilt. Diese malen sie mit Wasserfarben auf einen Bogen Papier, nachdem sie vorher miteinander besprochen haben, wie sie die Strophe malen wollen. Wenn alle Kinder ihre Bilder gemalt haben, werden die Bilder aneinander geklebt und bei jeder Strophe, die gesungen wird, immer eins mehr entfaltet.

Das Lied »Lasst uns eine Brücke bauen« führt in die Thematik ein bzw. führt sie weiter. Was bedeutet es, wenn wir sagen: Wir bauen Brücken von Mensch zu Mensch. Der Text des Lieds sollte zunächst miteinander gelesen und besprochen werden. Dann wird das Lied gesungen und getanzt.

Tanzbeschreibung

Aufstellung im Kreis, alle reichen sich die Hand.
1. Str.: Alle stehen Hand in Hand.
Refr.: Zwölf Schritte rechts herum im Kreis gehen; zwölf Schritte links herum im Kreis gehen
2. Str.: Alle gehen in die Mitte, heben dabei die geschlossenen Hände nach oben auf den Mittelpunkt zu und gehen wieder nach außen.
Refr.: Wie oben.

3. Str.: Je zwei fassen sich an der Hand und tanzen zwölf Hüpfschritte rechts, dann zwölf Hüpfschritte links umeinander herum, zum Schluss wieder zum Kreis formieren.
Refr.: Wie oben.
4. Str.: Alle stehen wie in der ersten Strophe, im zweiten Teil werden die Hände erhoben.
Refr.: Wie oben.
Vor oder nach dem »Brückenlied« kann die folgende Stillübung durchgeführt werden.

Die Brücke unserer Hände

Alle Teilnehmer/innen sitzen im Kreis und halten sich an den Händen.

L spricht:
Wir schließen die Augen.
Wir spüren, dass wir sitzen.
Wir sind nicht allein.
Wir spüren die Hände unserer Nachbarn und Nachbarinnen in unseren Händen.
Sie sind warm oder kalt, trocken oder feucht.
Durch die vielen Hände, die gereicht werden,
bilden wir eine spürbare Brücke,
die von einem Menschen zum anderen geht.
Wir halten die Hände ganz still
ineinander.
Sie ruhen.
Kein Druck geht von ihnen aus.
Jetzt schicke ich einen Händedruck aus,
der unsere ganze Handbrücke durchwandern soll.
Dieser Händedruck wird weitergegeben,
bis er wieder bei mir ankommt.

Ebenfalls zu dieser Thematik passt das folgende Spiel.

Stille Post

Alle sitzen im Kreis und halten sich die Hände. Eine/r steht in der Mitte und sagt: »Ich schicke ein Paket an ...« Dann drückt er/sie in eine Richtung des Kreises dem Nachbarn/der Nachbarin die Hand und sagt dabei »abgeschickt«. Der Händedruck wird weitergegeben, bis er bei dem Adressaten/der Adressatin angekommen ist. Diese/r sagt in dem Moment »angekommen«. Die Person in der Mitte muss genau darauf achten, ob sie die Stelle entdecken kann, an der der Händedruck weitergegeben wird. Wenn sie richtig rät, kommt die Person in die Mitte, die den »auffälligen« Händedruck weitergegeben hat, der entdeckt worden ist.

Die beiden Lieder können auch im Unterrichtsgespräch miteinander verglichen werden. Was verbinden die beiden Brücken? Woraus sind sie hergestellt?

Die Brücke aus Fußspuren (Collage)

Material: Eine vorgezeichnete Brücke auf einem großen Bogen Papier, Tonpapier, Scheren, Klebstoff.
Jede/r zeichnet die Umrisse seines/ihres Fußes auf ein Stück buntes Tonpapier und schreibt anschließend seinen/ihren Namen darauf. Dann werden die Fußabdrücke auf die vorgezeichnete Brücke geklebt, so dass eine Brücke aus Menschennamen entsteht.

A 11 Die Brücke

In der Geschichte wird das Thema: »Brücken bauen zwischen Menschen« auf das Thema Versöhnung hin zugespitzt. Wenn die Geschichte gelesen wurde sollten zunächst Spontanäußerungen der Schüler/innen gehört werden.
Miteinander kann dann überlegt werden, warum die beiden Jungen miteinander Streit haben und wie die beiden verfeindeten Jungen versöhnt werden könnten. Im Folgenden kann in ein Tafelbild eingetragen werden, warum Max bzw. Peter sich nicht versöhnen will und warum er es dann doch tut. In der dritten Spalte können dann Schritte zur Versöhnung aufgeschrieben werden. Diese Schritte werden in die »Steine« in der Geschichte auf dem Arbeitsblatt eingetragen.

Zur Vertiefung kann die Geschichte als Rollenspiel gespielt werden.

Brücke aus »Versöhnungssteinen« (Collage)
Material: Verschiedenfarbiges Tonpapier, ein langer, großer Bogen Papier, auf dem eine große Brücke vorgezeichnet ist, Schere, Klebstoff.
Das Tonpapier wird in unterschiedlich große »Steine« geschnitten. Miteinander wird überlegt, welche konkreten Dinge und Handlungen das Trennende zwischen Menschen und zwischen Völkern aufheben können. Diese Dinge werden auf die einzelnen Steine geschrieben (auch die gleichen Begriffe mehrmals auf verschiedene Steine). Dann werden die Steine in die vorgezeichnete Brücke geklebt.

Wortcollage: Friedensbrücke
Material: Wörterbücher von unterschiedlichsten Sprachen, Wachsmalstifte, ein großer Bogen Papier, kleine Bögen Papier.
Das Wort »Friede« wird aus verschiedenen Wörterbüchern in unterschiedlichen Sprachen herausgesucht und aufgeschrieben. Alle schreiben dann in großen, kalligrafisch unterschiedlichen Buchstaben die vielsprachigen Ausdrücke für »Frieden« mit Wachsmalstiften auf Papier. Dann werden sie ausgeschnitten und in Brückenform auf den großen Bogen Papier geklebt.

A 12 Die Brücke zum Himmel

Das Arbeitsblatt A 12 greift einen biblischen Text auf: Jakobs Traum von der Himmelsleiter. Jakob kann diese Brücke nur im Traum überschreiten, aber dennoch wird das Ereignis für ihn zur tatsächlichen Gottesbegegnung und der Ort zum heiligen Ort. Mit dieser Geschichte können die Kinder behutsam an das Thema herangeführt werden: Wie können wir »Brücken zum Himmel« bauen? Wie können wir in Kontakt mit Gott treten?
Ein Gespräch über das »Still werden« und das »Gebet« wären hier angebracht.
Die Geschichte wird mit den Kindern gelesen und besprochen. Spontane Äußerungen und Fragen werden zugelassen. Dann kann das Bild bei leiser Musik ausgemalt werden, wobei die Kinder daran denken sollen, wie sie in Kontakt mit Gott treten können. Sie können auch einfach beim Ausmalen zu Gott beten.

A 13 Eine Brücke lasst uns bauen

Ein abschließender Text fasst noch einmal das Bild von der »Himmelsbrücke« und der Menschen verbindenen Brücke der Versöhnung zusammen. Der Text wird mit verteilten Rollen gelesen: der Refrain von allen gemeinsam, die Strophen von je einem Kind. Dann wird der Text miteinander erschlossen.

Wie soll die Brücke sein?	Stark breit lang
Was soll auf der Brücke möglich sein?	– Sie soll alle Menschen tragen. – Die Menschen sollen Hand in Hand gehen. – Blinde und Lahme sollen begleitet werden. – Sie soll den Abgrund überwinden. – Sie soll die Menschen mit Gott verbinden.
Woraus besteht die Brücke?	aus Vertrauen

Spirale und Labyrinth

A 14 Spirale

Mit dem Arbeitsblatt A 14 wird ein weiteres Weg-Symbol erschlossen: die Spirale. Sie lässt sich von außen nach innen oder auch von innen nach außen gehen. Die beiden Texte unter dem Bild bieten beide Möglichkeiten an. Die Kinder können mit einem Bleistift den Weg von außen nach innen oder den Weg von innen nach außen nachvollziehen und anschließend den entsprechenden Text gemeinsam lesen. Besser ist es, die Kinder gehen im Raum ihre Spiralen.

Spiralen gehen
Die Kinder werden nach dem Betrachten einer Spirale (siehe Arbeitsblatt) aufgefordert, in Form einer Spirale durch den Raum zu gehen. Zunächst von innen nach außen (erst um sich selbst drehen, dann immer größere Kreise ziehen), dann von außen nach innen. Während die Kinder langsam schreiten, werden die beiden Texte von A 14 entsprechend vorgelesen.

Spirale tanzen
Auf dem Boden wird aus grünen Zweigen, aus Tannenzweigen, aus Tüchern oder einer Schnur eine Spirale gelegt, so dass genügend Zwischenraum entsteht, durch den man gehen kann.
Alle bilden nun eine Kette und schreiten zu entsprechender Musik durch die Spirale und wieder hinaus.
Man kann etwas in die Mitte der Spirale stellen (eine Kerze o. Ä.).

A 15 Jesus – Der Weg für uns

Das Arbeitsblatt A 15 bietet eine Möglichkeit das Wort Jesu »Ich bin der Weg, die Wahrheit, das Leben« zu gestalten und zu vertiefen. Zunächst wird der Text »Jesus zeigt uns den Weg zum Vater« miteinander gelesen. Dann wird untereinander ausgetauscht, welche Geschichten von Jesus wir kennen, die die Aussage des Textes bestätigen, dass Jesus heilt, lehrt und betet. Je eine dieser Geschichten sollen die Kinder in den leeren Kästchen des Arbeitsblatts zeichnen.
Wenn die Kinder nun aufgefordert werden, das Jesuswort laut zu lesen und in die Spirale (siehe A 14) von außen nach innen zu schreiben, muss erarbeitet werden, dass sich in der Mitte das Allerwichtigste unseres Lebens befindet, das Ziel unseres Lebens: Gott. Dahin führt uns Jesus.

Gestaltung
Material: Material zum Legen einer Spirale (Tücher / Steine / Seile...) / Papier, Wachsmalkreiden.
Eine große Spirale wird in die Mitte gelegt. Die einzelnen Worte des Satzes: »Jesus sagt: ich bin der Weg, die Wahrheit, das Leben. Niemand kommt zum Vater außer durch mich« werden unter den Kindern verteilt. Ein Kind erhält das Wort »Gott«. Einzeln oder zu zweit schreiben und malen sie mit bunten Wachsmalkreiden ihr Wort auf das Papier. Langsam liest L den Satz vor. Immer wieder wird er langsam gemeinsam gesprochen. Dabei legen die Kinder ihre gestalteten Worte von außen nach innen in die Spirale. Ganz zum Schluss wird das Wort »Gott« in die Mitte gelegt. Bei leiser Musik gehen die Kinder jetzt neben den Bildern her den Weg in die Mitte der Spirale und wieder zurück.

Beim Schreiten durch die Spirale kann das Lied: »Ausgang und Eingang« gesungen werden. Dabei kann man auch im »Pilgerschritt« gehen.

Pilgerschritt
Langsam schreiten alle in einer Kette vorwärts: rechts – links – rechts. Dann halten alle ein und wiegen einen Schritt zurück auf links. Dann geht es weiter mit rechts. Diese Schrittfolge heißt deshalb Pilgerschritt, weil ein Pilger nicht nur vorwärts stürmt, sondern im Gehen innehält und über seinen Weg zu Gott nachdenkt.

A 16 Bunte Spiralen

Das Arbeitsblatt A 16 bietet noch einmal Gelegenheit, die Form der Spirale bunt zu gestalten. Von den einzelnen Punkten des Blattes ausgehend malen die Kinder darauf in unterschiedlichen Farben und Größen Spiralen.

Gemeinschaftsbild
Material: großer Bogen Packpapier, Wachsmalkreiden.
In der Mitte liegt ein großer Bogen Packpapier. Vor jedem/jeder Teilnehmer/in liegt eine Schachtel Wachsmalkreiden. Alle malen auf dasselbe Papier bunte Spiralen in unterschiedlichsten Farben, ineinander verschlungen, übereinander ...

A 17 Klassisches Labyrinth (Kreta)

Mit dem Arbeitsblatt A 17 beginnt das Weg-Symbol des Labyrinths, das in seiner christlichen Variante z. B. beim Labyrinth von Chartres mit dem Weg in die Mitte eine Fortführung des Symbols der Spirale bildet.

Vor der Arbeit mit den Arbeitsblättern sollte mit den Kindern die Bedeutung eines Labyrinths besprochen und geklärt werden. Anschließend können nach und nach die Labyrinthe angesehen und wie im Folgenden dargestellt genutzt werden.

A 17 zeigt zunächst das klassische Labyrinth aus seinem Ursprungsland Kreta. Dieses Labyrinth eignet sich aufgrund seiner relativ einfachen Struktur dazu, es nachzugestalten. Jedes Kind kann es für sich auf einem Blatt versuchen oder es wird als Gemeinschaftsarbeit groß z. B. mit Kreide auf dem Schulhof gezeichnet, oder in einem Schulgarten gepflanzt, mit Seilen gelegt oder mit Farbe so groß aufgemalt, dass alle hindurchgehen können.

Konstruktionsplan für ein klassisches Labyrinth:

Grundschema für die Konstruktion eines klassischen Labyrinths mit sieben Umgängen ist ein Kreuz, dazu vier Ecken und vier Punkte. Vom Kreuz wird zur ersten Ecke ein Bogen gezogen. Dann ein Bogen nach dem anderen, wobei immer das/der nächste Eck oder Punkt mit dem nächsten Eck oder Punkt auf der anderen Seite verbunden wird. Wenn man eins auslässt, ist alles falsch. Einfach solange wiederholen, bis man es hat.

Gernot Candolini

Spielideen im Labyrinth

1. Gehen auf Zeit
Wer kann das Labyrinth in möglichst genau 3 Minuten durchwandern?
2. Blinde führen
Einer geht vorne weg und führt einen Blinden an einer oder beiden Händen.
3. Sich grüßen
Drei bis neun Leute werden im Abstand von ca. 3 Minuten ins Labyrinth gelassen. Sie dürfen schnell oder langsam gehen, aber nicht stehen bleiben. Wer kann die meisten anderen begrüßen (die Hand reichen)? Wie oft trifft man die Gleichen?
4. Schlange auflegen
Eine Gruppe oder Schulklasse legt sich an der Labyrinthbegrenzung auf und bildet damit ein Menschenlabyrinth. Andere können durchgehen.
5. Kugel treiben
Eine Kugel aus einem Bocciaspiel wird mit Hilfe eines Steckens durch das Labyrinth gerollt.

Gernot Candolini

Das Labyrinth tanzen

Ähnlich wie bei der Spirale kann das Labyrinth im Pilgerschritt »durchtanzt« werden zum Lied »Ausgang und Eingang« (siehe A 15).

A 18 Der Minotaurus im Labyrinth

Das Arbeitsblatt A 18 erzählt eine der bekanntesten Sagen zur Entstehung eines Labyrinths, die Sage von Theseus, dem Minotaurus und dem Ariadnefaden. Die Kinder sollen die Sage kennen lernen und dann den Weg in die Mitte des Labyrinths suchen, um Theseus beim Kampf mit dem Minotaurus zu helfen.

Der Ariadnefaden (Legespiel)

Jedes Kind erhält einen oder mehrere Wollfäden. Nacheinander legen sie ihre Fäden in das Labyrinth und knoten einen Faden am nächsten an, bis sie die Mitte des Labyrinths erreicht haben. Dann gehen sie zu ruhiger Musik immer dem Faden nach durch das Labyrinth.

A 19 Römisches Labyrinth

Das römische Labyrinth stellt sich in einer Quadratform dar, wie es oft in antiken römischen Fußbodenmosaiken zu finden ist. Als Einführung zu diesem Labyrinth können Dias von Mosaikausgrabungen gezeigt werden. Das römische Labyrinth führt wie das von A 18 auch in die Mitte. Hier ist die Mitte aber nicht festgelegt, sondern jedes Kind kann überlegen, was ihm ganz wichtig ist, und das dann in die Mitte des Labyrinths zeichnen.

Dieses Labyrinth kann vergrößert und mit kleinen »Mosaiksteinchen« durch die Kinder nachgelegt werden.

Durch die gleichmäßige Anordnung des Labyrinths in vier Quadrate bietet es sich an, beim Durchfahren des Labyrinths mit Stiften vier verschiedene Farben zu wählen.

A 20 Labyrinth von Chartres

Das Arbeitsblatt A 21 zeigt eine Darstellung des Labyrinthes in der Kathedrale von Chartres mit einem erklärenden Text. Die Kinder können hier nach dem Lesen des Textes das Wort »Gott« in die Mitte schreiben. Dann wird mit einem Bleistift der Weg von außen in die Mitte des Labyrinths gesucht. Danach wird noch einmal im Gespräch die Bedeutung des entstandenen Bilds geklärt.

Der Weg im Jahreskreis

Zeit, die im menschlichen Leben vergeht, wird oft als zurückgelegter »Weg« gedeutet. So geht der Mensch durch den Tag, die Woche, den Monat, das Jahr. In der Advents- und Fastenzeit wird die Zeit bis zum entsprechenden Hochfest als »Weg« verstanden und auch die Weitergabe des Glaubens geschieht nur, indem sich Menschen »auf den Weg machen«, wie z. B. die Jünger auf dem Weg nach Emmaus die Erfahrung machen: »Jesus lebt«, und sich wieder zurück nach Jerusalem begeben, um den anderen Jüngern dort die frohe Botschaft mitzuteilen.

A 21 Der Weg durch das Jahr

Das Arbeitsblatt A 21 zeigt das Jahr mit seinen Jahreszeiten und Festzeiten als Weg von Januar bis Dezember.
Im Unterrichtsgespräch werden die Monate aufgezählt und die wichtigsten Feste benannt, die zu dieser Zeit gefeiert werden. Miteinander kann überlegt werden, was zu den entsprechenden Zeiten gemeinsam gemacht werden kann.

Monat	Wichtige Feste/ Ereignisse	Was möchte ich gerne tun?
Januar		
Februar		
März		
April		
Mai		
Juni		
Juli		
August		
September		
Oktober		
November		
Dezember		

Auf dem Arbeitsblatt tragen die Kinder ihre persönlichen wichtigen Feste ein: Geburtstag, Namenstag, andere Festtage der Familie. Neben den Weg schreiben sie, was sie zu den entsprechenden Zeiten gerne machen möchten.

Adventsweg – Bereitet dem Herrn den Weg
Als Arbeitsblatt kann S. 21 aus »Elsbeth Bihler, Kommt und seht. Werkbuch zur Kommunion- und Beichtvorbereitung für Eltern und Kinder, Lahn-Verlag, Limburg 10. Auflage 1999« verwendet werden. Es stellt einen Weg durch den Advent vor, ausgehend von der biblischen Gestalt Johannes des Täufers, der in der Wüste ruft: »Bereitet dem Herrn den Weg!«
Was im Bibeltext (Markus 1,1–7) als Unebenheiten im Weg beschrieben wird, soll auf unser Leben übertragen werden. Als Einstimmung dazu kann folgende Stilleübung durchgeführt werden:

Bereitet dem Herrn den Weg
Alle sitzen im Kreis, in der Mitte liegt ein Tuch in Wüstenfarben, darin ist aus einem braunen Tuch und kleinen Steinen ein Weg angedeutet.

L spricht:
Wir sehen den Weg durch die Wüste in der Mitte.
Der Prophet Jesaja hat gesagt:
Bereitet dem Herrn den Weg!
Bereitet ihm den Weg, damit er zu euch gelangen kann!
Jesus will zu uns kommen.
Er will den Weg in unsere Herzen finden.

Jesaja sagt:
Räumt alles aus dem Weg,
was euch stolpern lässt.
Kennen wir Stolpersteine in unserem Leben?
Dinge, die wir nicht gemacht haben?
Streit und Neid?

Jesaja sagt:
Füllt alle Schluchten aus!
Tragt die Berge ab!
Gibt es Schluchten oder hohe Berge in meinem Leben?
Dinge, die mir so tief und schwer erscheinen,
dass ich sie nicht überwinden kann?

Jesaja sagt:
Was krumm ist soll gerade werden.
Wo gehe ich Umwege?
Wo gelange ich in Sackgassen
und komme nicht mehr weiter?

Kann Jesus zu mir kommen?
Jesaja sagt:
Ja, denn alle Menschen werden das Heil sehen,
das von Gott kommt.

Nach dieser Besinnung können die Kinder in die Steine schreiben, was Jesus hindert, zu uns zu kommen, und Blumen auf den Weg malen, wenn es ihnen gelingt, den Weg für Jesus zu ebnen.

Den Weg zur Krippe gestalten
Mit uns sind viele Menschen und Tiere auf dem Weg zur Krippe. Im Advent bietet es sich daher an, den Weg zur Krippe mit den Krippenfiguren zu gestalten.
Material: Holzstückchen, Stroh, Tonpapier, Sand, Blumen, Steine, kleine Herzen.
Aus den Holzstückchen wird eine kleine Krippe gebastelt, die mit Stroh gefüllt wird. Diese Krippe steht am Ende eines Wegs, dessen Grundstruktur aus einem braunen Tonpapier geschnitten und gelegt wird. Im Lauf der Adventszeit wird der Weg auf die Krippe hin gestaltet: Für alles, was am Tage schön und gut war, wird eine kleine Blume darangestellt, für alles, was schwer oder schlecht war, wird ein Stein auf den Weg gelegt. Für jeden Adventssonntag werden kleine Kerzen auf den Weg gestellt und entzündet: am ersten Advent eine, am zweiten Advent zwei usw.

A 22 Maria geht zu Elisabet

Das Arbeitsblatt A 22 greift eine biblische Weg-Geschichte des Advents auf: Maria begibt sich auf den Weg über das Gebirge zu Elisabet. Elisabet erkennt, dass die Mutter ihres Herrn, die Mutter Gottes zu ihr kommt. Maria singt daraufhin ihr großartiges Loblied: das Magnifikat.
Nachdem die Geschichte vorgelesen oder erzählt worden ist, wird im Unterrichtsgespräch deutlich gemacht, dass Maria einen beschwerlichen Weg auf sich nimmt, um die freudige Begegnung mit Gott weiterzusagen, die in dem Magnifikat, dem großen Loblied Marias ihren Ausdruck findet. Das Magnifikat ist in Form eines Wegs geschrieben, um deutlich zu machen, dass Maria auf dem Weg innerlich erfüllt ist von dem, was ihr in der Begegnung mit Gott geschehen ist.

Nachdem das Magnifikat laut vorgelesen wurde, sollten die fremden Ausdrücke im Unterrichtsgespräch geklärt werden. Anschließend sprechen die Kinder in zwei Gruppen abwechseln den Lobgesang und malen einen Weg mit bunten Farben um das Magnifikat.

Textpuzzle Magnifikat

Der Text des Magnifikat wird zeilenweise groß auf Papier geschrieben und ungeordnet in die Mitte gelegt. Nachdem die Kinder das Magnifikat gehört und selber gelesen haben, versuchen sie, die einzelnen Textzeilen in der richtigen Reihenfolge zu ordnen.

A 23 Der Weg durch die Fastenzeit

Das Arbeitsblatt A 23 zeigt einen Weg durch die Fastenzeit. Wegweiser an bestimmten Symbolen zeigen die Richtung an. Die Symbole beziehen sich auf wichtige Tage in der Fastenzeit bzw. auf die Sonntagsevangelien der Fastenzeit in den drei Lesejahren. Anhand der Symbole sind Fragen auf das persönliche Leben hin gestellt:
Das Aschenkreuz erinnert an Aschermittwoch (1)
Die hügelige Wüstenlandschaft an das Evangelium von der Versuchung Jesu (2)
Der Stein an das Evangelium von der Frau, die beim Ehebruch ertappt wurde (3)
Der Berg an die Verklärung Jesu auf dem Berg (4)
Der Brunnen an die Begegnung Jesu mit der Frau am Jakobsbrunnen (5)
Die Stadt an die Begegnungen und Heilungsgeschichten Jesu in verschiedenen Orten (6)
Der Baum an das Gleichnis vom unfruchtbaren Feigenbaum. (7)
Um das Arbeitsblatt zu nutzen ist es nicht unbedingt notwendig, die genannten Perikopen mit den Kindern zu lesen. Die Symbole dienen der Orientierung auf dem Weg mit den entsprechenden Fragen. In einer Besinnungsübung können die Fragen des Arbeitsblatts den Kindern nahe gebracht werden. Dann kann jedes Kind für sich zu den einzelnen Fragen Stichworte in die Wegweiser schreiben.

Stilleübung

Alle sitzen im Kreis.
In der Mitte ist ein Weg aus braunen Tüchern gelegt. L hat für jedes Symbol ein großes Foto oder einen bezeichnenden Gegenstand bereit, um es an entsprechender Stelle im Text zum Weg zu legen.

L spricht:
In der Mitte sehen wir einen Weg.
Es ist der Weg durch die Fastenzeit auf Ostern zu.
Die Fastenzeit ist eine Zeit der Besinnung und der Umkehr.
Auf dem Weg bis Ostern kommen wir an vielen unterschiedlichen Wegstrecken und Orten vorbei. Sie wollen uns helfen, dass wir uns auf uns selbst besinnen können.

Am Ende des Wegs strahlt hell die Ostersonne.
L legt eine Sonne aus gelbem Fotokarton an das Ende des Wegs.

Am Anfang des Wegs steht das Aschenkreuz.
L legt ein Kreuz und eine Schale mit Asche oder ein Blatt mit einem aus Asche gezeichneten Kreuz an den Anfang des Wegs.
Das Kreuz sagt uns: Jesus ist mit uns auf dem Weg.
Die Asche sagt uns: Dein Leben ist vergänglich.
Du musst auf das Wichtige in deinem Leben achten.
Was ist wichtig für dich?
Was kann besser werden in deinem Leben?

L legt ein Tuch in Wüstenfarben rechts und links neben den Weg (oder ein Foto einer Wüstenlandschaft).
Unser Weg führt uns durch eine Wüste.
Die Wüste ist weit und leer.
Wir fragen uns: Worauf können wir in unserem Leben freiwillig verzichten?
Was brauchen wir nicht unbedingt zum Leben?

L legt einen dicken Stein zum Weg.
Wir kommen an einem Stein vorbei.
Steine sind schwer.
Wir fragen uns:
Was belastet mich? Was fällt mir schwer?
Wo habe ich ein schlechtes Gewissen?

L baut aus Steinen einen Berg oder legt das Foto eines Bergs an den Weg.
Der Weg führt uns auf einen hohen Berg.
Hier oben haben wir eine gute Übersicht.
Wir fragen uns: Wo kann ich in meinem Leben etwas mehr tun, um mein Wissen zu erweitern und das, was ich kann, zu verbessern?

L legt das Foto eines Brunnens oder ein blaues Tuch mit Steinen darum herum an den Weg.
Wir erreichen einen Brunnen.
Er lädt uns ein zur Rast.
Wir können uns ausruhen und still werden.
Wir überlegen uns:
Wo gibt es Zeiten in meinem Leben, wo ich ruhig und still werden kann?

L legt das Foto eines Dorfs oder einer Stadt zum Weg.
Wir kommen in einen Ort.
Hier leben viele Menschen miteinander.
Jeder trägt dazu bei, dass das gemeinsame Leben gelingen kann.
Wir fragen uns:
Wie begegne ich den Menschen in meiner Umgebung?
In der Familie?
Meinen Eltern?
Meinen Geschwistern?
Meinen Freunden und Freundinnen?
In der Schule?
Beim Spielen? ...

Das Foto eines Baumes wird an den Weg gelegt.
Der Weg führt uns zu einem Baum.
Der Baum wächst der Sonne entgegen.
Wir fragen uns:
Wonach sehne ich mich?
Was wünsche ich mir?

Wir haben über uns nachgedacht.
Jetzt in der Fastenzeit wollen wir uns darauf besinnen und manches anders machen als sonst.
Dann kann auch für uns Ostern werden.

L spielt leise Musik ein und fordert die Kinder auf, in die Wegweiser ihres Arbeitsblatts zu den Symbolen Stichworte zu schreiben, damit sie ihre Vorsätze nicht vergessen.

A 24 Der Kreuzweg

Das Arbeitsblatt A 24 zeigt die 14 Stationen des Kreuzwegs. Es bietet sich an, vor dem Ansehen, Ausmalen und Besprechen des Arbeitsblatts einen Kreuzweg im Freien oder in einer Kirche zu gehen. An einzelnen Stationen wird Halt gemacht und eine kurze Betrachtung, Besinnung durchgeführt und ein Gebet gesprochen. Das Arbeitsblatt dient der Nachbereitung eines Kreuzwegs. Die Kinder sollen beim Ausmalen der Bilder zu ruhiger Musik das Erlebte noch einmal nachvollziehen.

A 25 Menschen mit Jesus auf dem Kreuzweg

In Arbeitsblatt A 25 geht es darum, über die Menschen nachzudenken, denen Jesus am Kreuzweg begegnet. In einem Unterrichtsgespräch kann nach dem Vorstellen oder dem gemeinsamen Betrachten eines Kreuzwegs erarbeitet werden:
Wem begegnet Jesus auf seinem Kreuzweg?
Was denken diese Menschen, wenn sie Jesus sehen?
Gibt es heute Menschen, die Ähnliches erleben?

Menschen, denen Jesus begegnet	Was denken sie?	Menschen heute
Pilatus		
Soldaten		
Maria, seine Mutter		
...		

Puppenspiel: Ich bin ...
Zu den Personen, denen Jesus begegnet, kann in der Form eines Hand- oder Stab-Puppenspiels ein Gedankenspiel durchgeführt werden:
In der Mitte liegen einige Stabpuppen (Handpuppen) – evtl. von den Kindern selbst gefertigt – bereit.
Gemeinsam wird überlegt, welche Menschen Jesus auf seinem Weg begleiten.
Jedes Kind überlegt sich, in welche Person am Rand des Kreuzwegs es sich hineinfinden kann. Dann gehen die Kinder einzeln in die Mitte, nehmen eine Stabpuppe in die Hand und beginnen zu erzählen, z. B.:
»Ich bin ein Soldat. Mein Hauptmann hat mir befohlen, diesen Jesus zur Kreuzigung zu bringen ...«
Wenn ein weiteres Kind sich in den Soldaten hineindenken kann, tritt es zu dem Kind in die Mitte und äußert seine Gedanken.
Wenn ein Kind nichts mehr sagen möchte, legt es seine Stabpuppe zurück in die Mitte.
Ein anderes Kind sagt: »Ich bin Maria, die Mutter Jesu ...«

A 26 Auf dem Weg nach Emmaus

Eine österliche Weggeschichte ist die Erzählung von den beiden Jüngern, die nach Emmaus unterwegs sind.
Das Arbeitsblatt A 26 erzählt zunächst die Geschichte und zeigt das Bild von Karl Schmidt-Rottluff: Gang nach Emmaus. Nach dem Erzählen oder Vorlesen der Geschichte betrachten und beschreiben die Kinder das Bild. Sie überlegen und sagen, was die Menschen im Bild denken und fühlen und wie der Künstler versucht hat, diese Gedanken und Gefühle darzustellen.

Puppenspiel: Auf dem Weg nach Emmaus
Aus bunten Tüchern werden drei Handpuppen hergestellt: Man nimmt eine Ecke des Tuchs, macht einen Knoten, versteckt den Zipfel, der dann noch herausschaut, unter diesem Knoten. Das ist der Kopf der Handpuppe, in den man den Zeigefinger steckt, während der Rest des Tuchs am Arm herunterhängt.
Man sollte die Farben der Tücher bewusst auswählen: die beiden Jünger auf dem Weg nach Emmaus, Jesus. In der Emmausgeschichte steht, dass sich die Jünger auf dem Weg unterhielten. Was gesprochen wurde, steht nicht da.
Das Gespräch auf dem Weg nach Emmaus sollen nun die Puppenspieler mit ihren Puppen improvisieren.

A 27 Der Weg nach Emmaus und die Messfeier

Das Arbeitsblatt A 27 stellt einen Vergleich zwischen der Emmausgeschichte und der Feier der Heiligen Messe dar: Die einzelnen Abschnitte der Erzählung lassen sich den großen Teilen der Messfeier zuordnen. Dadurch wird deutlich, dass das, was die Emmausjünger damals erfahren haben, auch für uns erfahrbar und nachvollziehbar ist in unserem Leben und in jeder Messfeier.

Die Emmausgeschichte	In der Messfeier	Teile der Messfeier
Die Jünger machen sich mit ihren Sorgen auf den Weg nach Emmaus.	Wir kommen mit allem, was wir erleben, zur Messe und versammeln und begrüßen uns.	Eröffnung
Jesus erklärt den Jüngern unterwegs die Heilige Schrift.	Wir hören Gottes Wort.	Wortgottesdienst
Jesus bricht mit den Jüngern das Brot. Die Jünger erkennen ihn.	Wir empfangen den Leib Christi. Wir halten miteinander und mit Jesus Mahl.	Mahlfeier
Die Jünger bringen den anderen die frohe Botschaft: Jesus lebt!	Wir werden gesegnet und ausgesandt, um die frohe Botschaft weiterzugeben.	Sendung

Lebensweg

Die Arbeitsblätter A 28–A 31 haben die Zeitspanne unseres Lebens als »Lebensweg« zum Inhalt. Zunächst werden die Stationen des eigenen Lebens erkundet und dann beispielhaft an Geschichten verdeutlicht, wie der Lebensweg gelingen kann.

A 28 Mein Lebensweg

Das Arbeitsblatt A 28 fordert die Kinder im Lied zunächst auf, den eigenen Lebensweg zu malen. Es bringt zugleich zum Ausdruck, dass das Leben nur dann gelingt, wenn man tatsächlich aufbricht und unterwegs aufmerksam ist. In den Weg hinein malen die Kinder die Stationen ihres Lebenswegs. Die Gestaltung des Arbeitsblatts kann mit der folgenden Stilleübung eingeleitet werden.

Der Weg unseres Lebens

Die Mitte ist als Weg gestaltet. Alle sitzen im Kreis um die Mitte.

L spricht:
In der Mitte sehen wir einen Weg.
Unser Leben ist wie ein Weg.
Der Weg in der Mitte soll ein Zeichen für unseren Lebensweg sein.

Wir sind ihn schon ein Stück weit gegangen.
Wir schließen unsere Augen und gehen unseren Lebensweg noch einmal vor unserem inneren Auge.

Wir erinnern uns nicht an den Anfang.
Vielleicht kennen wir uns als Babys von Fotos.
Wir waren klein und hilflos.
Von Anfang an waren da Menschen,
die uns auf unserem Weg ein Stück begleitet haben:
Eltern – Geschwister – Verwandte – ...
Dann begannen wir, uns selbst fortzubewegen,
zu krabbeln, die ersten Schritte zu tun,
die Welt zu entdecken.

Andere Menschen traten in unser Leben:
Freunde und Freundinnen,
Erzieherinnen im Kindergarten.

Unsere Schritte wurden selbstbewusster und länger.
In der Schule wurde unsere kleine Welt immer größer.
Und auf dem Weg unseres Lebens wurden auch wir immer größer.

Und immer waren da neue Menschen, neue Gesichter.

Unser Lebensweg war nicht immer eine breite Straße.
Vielleicht war er mühsam und verschlungen,
vielleicht lagen viele Hindernisse im Weg.
Aber wir sind unseren Weg gegangen bis hierher.

Irgendwann werden unsere Schritte bedächtiger, langsamer.
Wir hoffen, dass wir dann an einem Ziel angelangt sind.

Jetzt kann das Lied als Überleitung zur Beschäftigung mit dem Arbeitsblatt gesungen werden.

Brettspiel: Lebensweg

Es wird ein Spielplan als Würfelspiel vorbereitet, auf dem ein Weg zu sehen ist. Besondere Punkte sind als Stationen eines Lebenswegs gekennzeichnet: Geburt, Taufe, Kindergarten, Schule, Freunde ... Zu diesen Stationen eines Lebenswegs werden bestimmte Aufgaben ausgedacht, die zu der Lebensstation passen und die der- oder diejenige, die auf das Feld kommt, erfüllen muss.

Der Weg meines Lebens (Gestaltung)

Material: Papier, Wachsmalstifte, Fotos.

Jeder schreibt zunächst auf ein Blatt die wichtigsten Stationen seines Lebens. Dann werden von diesen Ereignissen Fotos herausgesucht. Wo kein Foto vorhanden ist, kann man auch schreiben oder malen, worum es sich handelt. Diese wichtigen Lebenssituationen werden nun dem zeitlichen Ablauf des Lebens nach geordnet und dann auf ein großes Blatt Papier gelegt. Jetzt stellen sich alle vor, wie der Weg von Station zu Station ausgesehen hat: geradlinig oder verschlungen, bergauf oder bergab, ein steiniger Weg, mühsam zu gehen, oder eine breite Prachtstraße ... Die Art der Wege wird von Station zu Station unterschiedlich sein.

Jetzt werden die Fotos, Bilder oder Worte so auf dem Papier geordnet, dass die einzelnen Wege entsprechend ihrer Art von Station zu Station gemalt werden können. Dazu kann auch gut das Lied »Mal deinen Weg« gesungen werden.

A 29 Fußabdrücke

Das Arbeitsblatt A 33 zeigt den Fußabdruck eines Babys. Den Kindern wird deutlich gemacht: »So klein wart ihr auch einmal. Malt euren Fuß heute daneben!« (Den Fuß auf das Blatt stellen und die Umrisse darum herum zeichnen.) In den großen Fuß hinein können die Kinder ihre eigene Lebensgeschichte, ihren bisherigen Lebenslauf schreiben oder malen.

A 30 Beppo

Das Arbeitsblatt A 30 erzählt die Geschichte von Beppo, dem Straßenkehrer, der in dem Buch »Momo« von Michael Ende auf seine ruhige Weise zum Ausdruck bringt, wie man gut und Schritt für Schritt die Arbeit auf der Straße seines Lebens erfüllen kann.

Die Geschichte wird gelesen und dann werden die Kinder aufgefordert, die einzelnen Schritte ihres Lebens bis heute zu überdenken und aufzuschreiben.

In einem zweiten Abschnitt erzählen sie einander, was sie als nächste Schritte in ihrem Leben vor sich haben.

Das folgende Schema kann an die Tafel geschrieben und von den Kindern in ihr Heft übertragen werden. Jeder schreibt für sich seine Gedanken auf.

Schritte, die ich in meinem Leben schon gegangen bin	Was ich einmal werden möchte	Schritte, die ich bis dahin noch tun muss

A 31 Josef – Ein Lebensweg mit Gott

Das Arbeitsblatt A 31 (2 Blätter) beschäftigt sich mit einer biblischen Lebensgeschichte: mit der Geschichte von Josef und seinen Brüdern aus dem Buch Genesis.

Das erste Blatt erzählt die Geschichte des Josef in einzelnen Abschnitten. Dazu können Spielfiguren gemalt und ausgeschnitten werden. Diese Spielfiguren sollten auf Pappe aufgeklebt und so verstärkt werden. Während des Erzählverlaufs oder beim Nacherzählen der Geschichte werden die bunten Figuren mit Tesakrepppröllchen an die Tafel oder die Tür oder eine andere gerade Fläche geheftet, so dass nach und nach die ganze Geschichte im Bild zu sehen ist.

Das zweite Blatt vertieft noch einmal die Josefsgeschichte und zeigt zusammenfassend die Stationen von Josefs Lebensweg. Im Gespräch über die Lebensgeschichte des Josef sollte deutlich werden, dass Gott Josef nie im Stich gelassen hat, auch wenn es manchmal so aussah.

Die Kinder tragen dann Stichworte zu den einzelnen Stationen unter die kleinen Szenen ein.

Wegkreuzungen

Wenn man Wege geht, ist es an Weggabelungen und Kreuzungen notwendig, sich zu entscheiden. Von solchen Entscheidungswegen und Entscheidungen handeln die Arbeitsblätter A 32–A 36.

A 32 Der Hexenplatz

Zu diesem Thema bietet das Arbeitsblatt A 32 eine Geschichte an, in der zunächst vom tatsächlichen Weg ausgegangen wird und man sich an einer Stelle, an der sechs Wege aufeinander treffen, entscheiden muss, welcher der richtige Weg ist, der nach Hause führt.

Im einleitenden Unterrichtsgespräch können die Kinder von Wanderungen erzählen, in denen sie oder die Erwachsenen bei ihnen ähnliche Entscheidungen treffen mussten.

Dann wird die Geschichte vorgelesen und Spontanäußerungen zugelassen. Jetzt kann jedes Kind seine Geschichte unter einem der folgenden Titel aufschreiben:
»Als ich einmal den richtigen Weg nicht mehr fand ...«
»Als ich mich einmal für den richtigen Weg entscheiden musste ...«

A 33 Entscheidungen treffen

Das Arbeitsblatt A 33 bietet spielerisch vier Wege an, die durch das Labyrinth führen. Aber nur einer ist der richtige Weg, der zur Sonne führt. In das freie Feld oben rechts können die Kinder ihren Namen schreiben oder ein Bild von sich kleben. Von dort aus suchen sie mit einem Bleistift den Weg zur Sonne. Wenn sie den richtigen Weg gefunden haben, malen sie ihn bunt aus.

A 34 Zeige uns den Weg

Das Arbeitsblatt bietet drei kurze Geschichten und ein Lied an, in denen es darum geht, sich um den richtigen Weg im eigenen Leben zu bemühen.

Die Geschichte vom kleinen Prinzen und dem Weichensteller macht deutlich, dass es durchaus nicht selbstverständlich ist, dass alle Menschen wissen, wohin sie in ihrem Leben wollen. »Nur die Kinder wissen, wohin sie wollten«, fasst der kleine Prinz diese Feststellung zusammen.

Die kleine Geschichte »Wohin gehst du?« greift die Frage nach dem Ziel noch einmal auf und macht deutlich, dass man sich diese Frage immer wieder stellen sollte.

Die Geschichte »Für wen gehst du?« macht deutlich, dass es sinnvoll ist, sich auf seinem Lebensweg für irgendetwas einzusetzen, sich zu engagieren.

Die drei Geschichten sollten vorgelesen und Spontanäußerungen dazu zugelassen werden.

Dann kann im Unterrichtsgespräch das Anliegen der Texte vertieft und auf jedes Kind zugeschnitten werden.

Wohin möchte ich in meinem Leben kommen? **Was erhoffe ich?** **Was möchte ich werden?** **Wovon träume ich?**	**Wofür möchte ich mich in meinem Leben besonders einsetzen?** **Für wen oder was möchte ich mein Leben leben?**

Das Lied »Zeige uns den Weg« zeigt auf, dass wir Gottes Hilfe auf unserem Lebensweg benötigen, damit wir die richtigen Entscheidungen treffen können.

Tanzbeschreibung

Alle stehen im Kreis, Hände durchgefasst, Front zur Kreisbahn.

Takt 1 – 2: Alle gehen acht Schritte rechts herum, beim achten Schritt Drehung nach links.

Takt 3 – 4: Wie Takt 1, nur links herum, dann Front zur Kreismitte.

Takt 5: Vier Schritte in die Kreismitte gehen, dabei Arme heben.

Takt 6: Vier Schritte wieder nach außen, Arme senken.

Takt 7 – 8: Jede/r dreht sich um sich selbst herum, die Arme gehoben.

A 35 Der vierte König

Das Arbeitsblatt A 35 (2 Blätter) erzählt die Geschichte vom vierten König, der wie die anderen drei Weisen aufbricht, um den neugeborenen König zu finden. Aber sein Lebensweg verläuft völlig anders als er es sich vorgestellt hat. Unterwegs muss er sich ständig entscheiden, ob er seinen Weg direkt weiter verfolgt oder den Menschen, die ihm unterwegs begegnen, aus ihrer Not hilft. Jede Begegnung fordert ihn wieder neu zu einer Entscheidung heraus. Doch letzten Endes findet er den, den er gesucht hat: Jesus am Ende seines Lebens.

Die Geschichte wird vorgelesen und kann von den Kindern auch szenisch nachgespielt werden.

Im Unterrichtsgespräch wird miteinander überlegt, wofür Coredan sich im Lauf seines Lebens entscheidet. Die Kinder können auch diskutieren, ob er nun sein Ziel erreicht oder nicht und warum.

Wofür entscheidet sich Coredan?	Warum entscheidet er sich so?
1.	
2.	
3.	
4.	
5.	
Was findet er am Ziel? Ist es das, wonach er gesucht hat?	

Papptheater: Der vierte König

Die Geschichte vom vierten König lässt sich gut als »Papptheater« oder »Guckkastentheater« spielen.

Ein großer Pappkarton wird als »Guckkastentheater« hergerichtet. Von oben muss der Karton eine Öffnung haben zum Bewegen der Spielpuppen. Als Kulisse wird in den hinteren Bereich des Theaters ein Bild gehängt, das die ganze Rückseite ausfüllt. (Das Bild kann mit einem Rundholz von oben her in den Guckkasten gehängt werden.) Für jeden Abschnitt der Geschichte, in dem ein Szenenwechsel notwendig ist, malen je 2 Kinder den Hintergrund.

Aus Pappe werden die Personen und Tiere, die in der Geschichte vorkommen gezeichnet, bunt gemalt und ausgeschnitten. Hinter jeder Person wird ein dünnes Stäbchen (z. B. Schaschlikspieße) befestigt, mit dem durch die obere Öffnung des Papptheaters die Figuren bewegt werden. Von oben dient eine Schreibtischlampe als Beleuchtung.

Der barmherzige Samariter

Als Arbeitsblatt kann S. 115 aus »Elsbeth Bihler, Kommt und seht. Werkbuch zur Kommunion- und Beichtvorbereitung für Eltern und Kinder, Lahn-Verlag, Limburg 10. Auflage 1999« verwendet werden. Es erzählt als eine Weg-Entscheidungsgeschichte das Gleichnis vom barmherzigen Samariter (Lk 10,25–37). Ein Mann wird auf dem Weg von Jerusalem nach Jericho von Räubern überfallen. Drei andere nehmen ihn wahr und treffen unterschiedliche Entscheidungen. Diese unterschiedlichen Entscheidungen werden mit den Kindern im Unterrichtsgespräch herausgearbeitet:

Wer?	Wie entscheidet er sich?	Warum entscheidet er so?
Der Priester		
Der Levit		
Der Samariter		

Im Anschluss daran sollte aus der Geschichte herausgearbeitet werden, wer von den drei Personen im Sinne Jesu gehandelt hat und warum.

Das Hauptgebot der Gottes- und Nächstenliebe wird in die freien Zeilen geschrieben.

Anschließend sollte noch im Gespräch anhand von gemeinsam überlegten Beispielen geklärt werden, wie wir alle nach diesem Hauptgebot der Gottes- und Nächstenliebe handeln können.

Verklanglichung: Der barmherzige Samariter

Vorstellung:	Verklanglichung:
Der Mann reitet über die Straße.	*Holzblock im Rhythmus der Schritte.*
Die Räuber kommen.	*Wilde, schnelle, ungeordnete Töne auf Xylophon, untermalt von Trommelwirbeln.*
Der Priester kommt.	*Schellenkranz im Rhythmus der Schritte, erst langsam, dann zögernd, dann ganz schnell.*
Der Levit kommt.	*Handtrommel im Rhythmus der Schritte, erst langsam, dann zögernd, dann ganz schnell.*
Der Samariter kommt.	*Mit dem Holzblock die Schritte des Esels nachmachen.*
Er verbindet die Wunden.	*Mit den Fingerspitzen über die Oberfläche der Handtrommel, dazu eine leise Glockenspielmelodie.*
Er bringt den Mann zu einem Gasthof.	*Schritte des Esels mit Holzblock, Schritte des Mannes mit Handtrommel.*
Er klopft an die Tür.	*Klanghölzer*
Abschluss	*Glockenspielmelodie*

A 36 Auf dem Weg nach Jericho

Das Arbeitsblatt A 36 greift die Geschichte vom barmherzigen Samariter noch einmal in Bild und Lied auf.

Das Bild kann vor dem Vorlesen der Geschichte miteinander betrachtet und besprochen werden. Was ist zu sehen? Erleben wir heute ähnliche Situationen, wenn wir unterwegs sind?

Nach der Bildbetrachtung wird die Geschichte vorgelesen und dann in Beziehung zum Bild gesetzt.

Das Lied erzählt als Spiellied noch einmal die Geschichte. Zu diesem Lied können die Kinder die Geschichte pantomimisch in Szene setzen und so vertiefen.

Wegweiser

Damit man sich unterwegs nicht verirrt, ist es notwendig, Wegweiser zu haben, Hinweisschilder, die die richtige Richtung anzeigen.

Das gilt nicht nur, wenn wir einen wirklichen Weg finden wollen sondern auch in unserem Leben. Wegweiser für unser Leben sind z. B. auch die 10 Gebote.

A 37 Wegweiser

Auf dem Arbeitsblatt A 37 ist ein leerer Wegweiser abgebildet. Er dient als Kopiervorlage für Aktionen, die mit dem Wegweiser durchgeführt werden können, wie sie bei den entsprechenden Arbeitsblättern zu finden sind.

A 38 Verkehrsschilder

Das Arbeitsblatt A 38 zeigt verschiedene Verkehrsschilder, wie die Kinder sie von ihrem alltäglichen Weg zur Schule kennen. Sie sollen diese Schilder in den richtigen Farben gestalten und im Gespräch ihre Bedeutung benennen. Dann sollen sie entsprechend den Anweisungen auf dem Arbeitsblatt die richtigen Buchstaben neben die Schilder schreiben.

Wegweiser / Verkehrsschilder basteln
Der Wegweiser von A 37 wird kopiert und auf gelbes Tonpapier geklebt. Dann schreiben die Kinder den Namen ihres Ortes in großen schwarzen Buchstaben hinein, damit ein echtes Hinweisschild zu ihrem Heimatort entsteht. Ähnlich können die Kinder andere Verkehrsschilder nach Originalen, die sie in den Straßen entdecken, miteinander gestalten.

A 39 Gebote – Verbote

Gebote und Verbote sind notwendig für das menschliche Zusammenleben. Aber nicht alle Gebote und Verbote sind sinnvoll. Das Arbeitsblatt A 39 dient dazu herauszufinden, welche Gebote und Verbote sinnvoll sind, damit Menschen gut miteinander leben können.

Im Unterrichtsgespräch werden solche Gebote und Verbote miteinander erarbeitet und entsprechend der Spalten auf dem Arbeitsblatt an die Tafel geschrieben. Die Kinder übertragen sie dann auf ihr Arbeitsblatt.

A 40 Die 10 Gebote

Das Arbeitsblatt A 40 stellt die 10 Gebote aus der Bibel als Wegweiser auf einem Weg dar. Die Geschichte aus dem Buch Exodus kann als Einführung vorgelesen werden. Danach werden die 10 Gebote gemeinsam herausgearbeitet. Miteinander wird besprochen, welche Bedeutung diese 10 Gebote für uns Menschen heute haben. Einen ähnlichen Weg mit Hinweisschildern können die Kinder dann gemeinsam gestalten und die Gebote mit ihren Worten darin zum Ausdruck bringen.

Die 10 Gebote als Wegweiser gestalten
Der Wegweiser von A 37 wird 20-mal kopiert und je 10 Schilder auf farbiges Tonpapier geklebt (die anderen 10 in einer anderen Farbe). In die einen 10 Verkehrsschilder werden die 10 Gebote, wie sie uns in der Bibel aufgeschrieben sind, hineingeschrieben. In die anderen 10 Schilder versuchen die Kinder die 10 Gebote so aufzuschreiben, wie wir sie heute zum Ausdruck bringen würden.

Gewissenskompass
Als Arbeitsblatt kann S. 118 aus »Elsbeth Bihler, Kommt und seht. Werkbuch zur Kommunion- und Beichtvorbereitung für Eltern und Kinder, Lahn-Verlag, Limburg 10. Auflage 1999« verwendet werden. Es führt ein weiteres Symbol ein, das uns Richtung und Weg zeigt. Es ist sinnvoll, wenn der/die Lehrer/in in den Unterricht einen echten, funktionierenden Kompass mitbringt und den Kindern zeigt. Noch eindrucksvoller kann es sein, eine gemeinsame Wanderung nach Kompass zu unternehmen. Die Kinder benennen die vier Himmelsrichtungen und sehen sich dann den Gewissenskompass an. Wie heißen hier die vier Richtungen?

Das Hauptgebot der Gottes- und Nächstenliebe wird noch einmal aufgeschrieben und gemeinsam wird besprochen und gesammelt, wie wir gut und richtig leben können, wenn wir auf die vier Richtungen im Gewissenskompass schauen. Die Kinder übertragen dann die Vorschläge auf ihr Arbeitsblatt.

Gott	Mitmen- schen	Ich selbst	Schöp- fung

Wegweiser für unser Leben
Vier Wegweiser von A 37 werden kopiert und jeweils auf grünes, gelbes, blaues und rotes Tonpapier geklebt. Auf das grüne Schild wird am oberen Rand das Wort »Schöpfung« geschrieben, auf das gelbe das Wort »Gott«, auf das rote das Wort »Mitmenschen und auf das blaue »Ich selbst«.

Unter diese Worte schreiben die Kinder, was sie tun können, damit sie in der entsprechenden Richtung gut weiterkommen.

Spiel zum Gewissenskompass
Auf S. 56–61 von »Elsbeth Bihler, Kommt und seht. Handreichung 2: Elterngespräche – Spiele – Kopiervorlagen, Lahn-Verlag, Limburg 3. Auflage 1997« wird ein Spiel mit Ereigniskärtchen zum Gewissenskompass angeboten. Anhand von Fallbeispielen können die Kinder hier miteinander diskutieren, wie sie in dem einen oder anderen Fall so handeln können, wie es dem Willen Gottes im Hauptgebot der Gottes- und Nächstenliebe entspricht.

Umkehrwege

Die Arbeitsblätter A 41–A 45 handeln davon, dass man umkehren muss, wenn man auf einen falschen Weg geraten ist, der nicht mehr weiterführt. Sie bieten außerdem biblische Umkehrgeschichten an.

A 41 Umkehrwege

Das Arbeitsblatt A 41 führt in die Problematik des »Umkehrens« ein und verweist darauf, dass das »Umkehren« im übertragenen Sinne öfter im Leben geschehen muss. Im Unterrichtsgespräch sollten einige Situationen, die der »Umkehr« bedürfen und dem Leben der Kinder entsprechen, miteinander erarbeitet werden.

Das Bild auf A 41 zeigt einen Hauptweg, von dem viele Sackgassen abgehen. In diese Sackgassen hinein sollen die Kinder verschiedene Situationen hineinschreiben, in denen sie »umkehren« sollten.

Der gute Vater

Als Arbeitsblatt kann S. 33 aus »Elsbeth Bihler, Kommt und seht. Werkbuch zur Kommunion- und Beichtvorbereitung für Eltern und Kinder, Lahn-Verlag, Limburg 10. Auflage 1999« verwendet werden. Es erzählt die klassische Umkehrgeschichte vom verlorenen Sohn und dem barmherzigen Vater aus dem Neuen Testament (Lk 15,11–24). Diese Geschichte wird miteinander gelesen und dann über das Verhalten des Sohnes und des Vaters miteinander gesprochen.

Legespiel zur Geschichte

	Ein Haus wird an den oberen Rand des Kreises aus Tüchern gelegt.
Der Sohn verlangt das Erbe.	*Einige goldene Taler werden vor das Haus gelegt.*
Der Sohn geht.	*Fußspuren aus hellem, farbigem Tonpapier werden im Kreis vom Haus weggelegt.*
Der Sohn kommt in die Stadt.	*Aus Bauklötzen wird eine Stadt auf dem Kreisrand angedeutet.*
Er hat sein ganzes Geld verloren. Er geht fort zu einem Bauern, um die Schweine zu hüten.	*Eine leere Geldbörse wird an den Rand der Stadt gelegt, wieder führen Fußspuren von der Stadt weg an den unteren Kreisrand. Die Fußspuren werden immer dunkler und weniger farbig.*
Er ist ganz unten. Er teilt sein Futter mit den Schweinen.	*In der Mitte des unteren Kreisrands gegenüber vom Haus wird ein schwarzes Tuch ausgebreitet.*
Er entschließt sich, als Knecht zu seinem Vater zurückzukehren.	*Von dem schwarzen Tuch aus führen die Fußspuren, jetzt immer heller und farbiger werdend, wieder am linken Kreisrand zurück zum Haus.*

Der Vater nimmt ihn auf. Er steckt ihm einen Ring an und legt ihm ein kostbares Festgewand um.	*Ein Ring wird in das Haus gelegt und ein buntes Tuch als Kleidungsstück.*
Sie feiern miteinander ein Fest.	*Eine Scheibe Brot und ein Glas Wein werden in das Haus gestellt.*
Jesus sagt: So, wie der gute Vater, so ist auch Gott.	*In die Mitte des Kreises wird ein blaues Tuch rund gelegt, in dessen Mitte eine dicke Kerze entzündet.*

Szenisches Spiel: Der barmherzige Vater

Die Geschichte wird von den Kindern nacherzählt. Sie verkleiden sich mit bunten Tüchern. Zunächst tragen Vater und Sohn ein fröhliches, buntes Gewand. Als der Sohn von zu Hause weggeht, erhält der Vater ein dunkles Gewand, weil er traurig ist. Der Sohn zieht weg, und als es ihm schlecht geht legt er auch ein dunkles Gewand über. Er entschließt sich, zu seinem Vater zurückzukehren.

An dieser Stelle kann das Spiel und die Erzählung unterbrochen werden, um miteinander auszutauschen und zu spielen, wie der Vater nun handeln könnte. Zum Schluss wird die Geschichte so erzählt und gespielt, wie sie in der Bibel steht, und Vater und Sohn erhalten wieder ein buntes Gewand.

A 42 Der Sohn, der umkehrt

Das Arbeitsblatt A 42 vertieft noch einmal die Geschichte aus der Sicht des Sohns. Die einzelnen Stationen sind noch einmal aufgeführt und die Kinder sind eingeladen, sich Gedanken darüber zu machen, was der Sohn wohl in den einzelnen Situationen denkt.

Puppenspiel: Vater und Sohn

Aus Tüchern werden mehrere Tücherpuppen hergestellt (in einer Ecke einen großen Knoten machen, den Zipfel verstecken und den Zeigefinger in den Knoten = Kopf stecken). Es ist von Vorteil, wenn jedes Kind eine Puppe erhält.

Die Geschichte vom guten Vater wird erzählt. An bestimmten Stellen wird eine Pause eingelegt. Die Kinder werden aufgefordert, spontan zu sagen, was der Vater oder auch der Sohn in dieser Situation denkt und fühlt. Wenn mehrere Kinder sich geäußert haben, wird die Geschichte weitererzählt.

Der gute Vater und die Beichte

Als Arbeitsblatt kann S. 119 aus »Elsbeth Bihler, Kommt und seht. Werkbuch zur Kommunion- und Beichtvorbereitung für Eltern und Kinder, Lahn-Verlag, Limburg 10. Auflage 1999« verwendet werden. Es zeigt die Parallelen der Geschichte vom guten Vater zum Sakrament der Beichte auf.

Nachdem mit den Kindern über die Beichte gesprochen wurde, ordnen sie die Sätze unten den jeweils richtigen Bildern zu.

A 43 Jona

Die Arbeitsblätter A 43 und A 44 greifen eine alttestamentliche Umkehrgeschichte auf: die Geschichte vom Propheten Jona, der vor seinem Auftrag flieht, um dann von Gott gelenkt umzukehren und ihn doch noch zu erfüllen.

A 43 erzählt zunächst die Geschichte als Bildergeschichte. Es geht hier im Wesentlichen um die Beziehung Gottes zu seinem Propheten Jona. Im Unterrichtsgespräch sollte erarbeitet werden, was Gott von Jona will, wie Jona darauf reagiert und wie es Gott gelingt, Jona dennoch dazu zu bringen, seinen Auftrag zu erfüllen.

Gott	Jona
Gott sagt: Jona, geh nach Ninive.	Jona flieht vor Gott.
Gott schickt einen Sturm.	Jona erkennt: Ich bin schuld, weil ich vor Gott geflohen bin.
Gott schickt einen großen Fisch ...	...

A 44 Walter Habdank: Jona im Bauch des Fisches

Das Arbeitsblatt A 44 zeigt den Holzschnitt von Walter Habdank: Jona im Bauch des Fisches.

Die Kinder schauen sich gemeinsam das Bild an und erzählen, was sie sehen, welchen Eindruck Jona im Bauch des Fisches macht. Jona betet im Bauch des Fisches. Aus einer Kinderbibel kann man das Gebet des Jona vorlesen. Dann werden die Kinder aufgefordert, um das Bild herum aus dem Gedächtnis mit ihren Worten aufzuschreiben, was Jona zu Gott sagt.

A 45 Paulus

Das Arbeitsblatt A 45 erzählt eine neutestamentliche Umkehrgeschichte aus der Apostelgeschichte: Saulus, der die Christen verfolgt, kehrt von seinem bösen Weg um und wird durch die Begegnung mit Jesus zu Paulus, der für Jesus das Evangelium verkündet.

Die Geschichte wird zunächst vorgelesen. Dann wird im Unterrichtsgespräch herausgearbeitet, wie Paulus sich verändert hat, nachdem er Jesus auf dem Weg begegnet ist.

Saulus	Paulus
verfolgt die Christen	bekennt sich zu Christus
ist grausam	verkündet die frohe Botschaft
ist gewalttätig ...	...

Mit Gott auf dem Weg

A 46 Abraham – Mit Gott auf dem Weg

Das Arbeitsblatt A 46 erzählt die Geschichte von Abraham, der aus allem, was ihm vertraut ist, wegzieht, weil Gott es ihm sagt. Abraham vertraut auf Gott und gelangt schließlich in das Land, das Gott ihm verheißen hat. Auf dem Arbeitsblatt sind verschiedene Personen und Personengruppen neben Abraham abgebildet, die zu dem Aufbruch Abrahams Stellung nehmen können. Im Gespräch sollte zunächst geklärt werden, was die Einzelnen wohl denken, als sie von Abrahams Aufbruch erfahren.

Abraham denkt/fühlt:	
Sein Knecht denkt:	
Seine Verwandten, die zurückbleiben denken:	
Sein Neffe Lot denkt:	
...	

A 47 Abrahams Weg

Für Kinder, die schon Karte lesen können, ist auf dem Arbeitsblatt A 47 der Weg des Abraham auf einer Landkarte dargestellt. Die Kinder zeichnen diesen Weg mit einem bunten Stift nach und schreiben die Ortsnamen an den entsprechenden Stellen in die Karte. Die zweite Hälfte des Arbeitsblatts verdeutlicht noch einmal die Beziehung Abrahams zu Gott. Diese Beziehung sollte vorher im Unterrichtsgespräch erörtert und anhand eines Tafelbilds, wie das Schema auf dem Arbeitsblatt es zeigt, verdeutlicht werden.

Wie Loma den guten Gott fand

Als Arbeitsblatt kann S. 34/35 (2 Blätter) aus »Elsbeth Bihler, Kommt und seht. Werkbuch zur Kommunion- und Beichtvorbereitung für Eltern und Kinder, Lahn-Verlag, Limburg 10. Auflage 1999« verwendet werden. Es erzählt die Geschichte von Loma, der über seine Fähigkeiten und die Schönheit der Natur staunt. Von seinem Großvater erfährt er, dass er das alles Gott zu verdanken hat, der sein Leben begleitet. Loma will Gott suchen und erfährt auf seinem Weg, dass Gott dann den Menschen sehr nahe ist, wenn wir spüren, dass wir geliebt werden und für andere da sind.

Diese Geschichte kann sehr gut von den Kindern im szenischen Spiel nachgespielt oder auch mit Gegenständen gelegt werden.

Nach dem ersten Vorlesen sollte vorher im Unterrichtsgespräch geklärt werden, welche Aussagen in dieser Geschichte über Gott gemacht werden.

A 48 Zeige mir, Herr, deine Wege

Das Arbeitsblatt A 48 greift einen Psalmvers auf, der die Bitte zum Ausdruck bringt, dass Gott den Menschen in seinem Leben führt und begleitet. Anhand dieses Psalmverses sollen die Kinder darüber nachdenken, welche Begabungen ihnen von Gott geschenkt wurden und wie er mit diesen Begabungen deutlich machen möchte: »Das sollst du in dein Leben einbringen, dann gehst du Gottes Wege.« Gleichzeitig macht der Psalm deutlich, dass Gottes Wege nicht immer klar vor uns liegen, sondern dass man sich immer wieder darauf besinnen sollte. Deshalb kann vorher auch die folgende Besinnung durchgeführt werden.

Besinnung

Alle sitzen im Kreis. In der Mitte ist ein Weg gestaltet.

L spricht:
Wir wollen ganz still werden.
Wir wollen ganz bei uns sein.
Wir schließen die Augen.
Gott sagt: Ich bin mit euch auf dem Weg.
Wir möchten es gerne glauben.
Aber wir können es oft nicht erkennen.
Wir beten:
Zeige mir, Herr, deine Wege!

Gott schenkt uns so viel.
Was kann ich besonders gut?
Mit welchen Menschen lebe ich zusammen?
Durch das, was ich gut kann,
durch die Menschen um mich herum zeigt Gott mir,
was er von mir will.

Wir denken einen Moment darüber nach.

Stille

Wir beten:
Zeige mir, Herr deine Wege,
lehre mich deine Pfade
Führe mich in deiner Treue und leite mich;
denn du bist der Gott meines Heiles.
Auf dich hoffe ich allezeit.

Das Lied »Wir haben Gottes Spuren festgestellt« erzählt, wie wir Gott auf unserem Lebensweg entdecken können. Diese Elemente sollten aus dem Liedtext herausgesucht und aus der Bildersprache für unser Leben umgesetzt werden.

Liedtext	Für uns kann das heißen
Liebe	
Wärme	
Hoffnung	
...	

Tanzbeschreibung

Alle stehen iauf der Kreisbahn paarweise voreinander und reichen sich die rechte Hand.
Strophen:
Alle gehen vorwärts, die Paare aneinander vorbei, so dass die rechten Schultern sich am nächsten sind. Dem/Der folgenden Tänzer/in wird die linke Hand gereicht, und man geht an der linken Schulter aneinander vorbei, dann wieder rechts usw. Gegen Ende der Strophen paarweise auf der Kreisbahn stehen bleiben.
Refrain:
Die Paare reichen sich die Hand und drehen sich rechts im Kreis (acht Schritte), dann links (acht Schritte), alle fassen zum großen Kreis durch und gehen dann acht Schritte in die Mitte und wieder acht Schritte nach außen (am Ende sich dem/der letzten Partner/in zuwenden und die Ausgangsstellung einnehmen).

A 49 Mit Jesus gehen

A 49 erzählt die Geschichte von der Berufung der ersten Jünger, die auf den Anruf Jesu hin sofort alles stehen und liegen lassen, so wie es auch Abraham auf den Anruf Gottes hin getan hat. Nach dem Lesen der Geschichte sollen die Kinder gemeinsam überlegen, was es für sie bedeutet, zu Jesus zu gehören und wie das deutlich gemacht werden kann.

A 50 Christophorus

Das Arbeitsblatt A 50 erzählt die Geschichte von Ophorus, der auf der Suche nach dem größten Herrn der Welt ist und auf dieser Suche zu einem wird, der Christus nachfolgt. Er wird zum »Christophorus«, »Christusträger«.
Im Anschluss an das Vorlesen der Geschichte kann herausgearbeitet werden, wem Christophorus dient und was er für diese großen Herren der Welt tut.

Wem Christophorus dient	Was Christophorus macht

A 51 Der Weg des Christophorus

Das Arbeitsblatt A 51 zeigt noch einmal in den einzelnen Stationen den Weg des Christophorus auf.
Die Kinder können ihre eigenen Bilder zur Geschichte in die Kreise malen.

A 52 Fronleichnam

Das Arbeitsblatt A 52 geht auf das Fest Fronleichnam ein, bei dem sich die Gemeinde mit Jesus in der Gestalt des Brotes in der Monstranz auf den Weg macht. Zunächst wird eine Geschichte zur Erklärung des Festes angeboten.

Man kann auch mit den Kindern einen Unterrichtsgang in die katholische Kirche machen und sich dabei eine Monstranz zeigen lassen.

Das Fest wird dann noch einmal im Lied verdeutlicht.

Spielanleitung zum Lied

Zwei beginnen und gehen Hand in Hand durch den Raum oder, an Fronleichnam, auf der Straße. Ihnen schließen sich immer mehr an. Manche halten bunte Bänder, manche bunte Blumen in der Hand, die sie in der entsprechenden Liedstrophe hoch halten.

Nicht nur jeder Einzelne ist in seinem Leben mit Gott unterwegs, wir sind es auch gemeinsam mit der Kirche, dem Volk Gottes.

A 53 Exodus – Volk Gottes unterwegs

Das Arbeitsblatt A 53 erzählt vom Volk Gottes, das aus der Sklaverei in Ägypten in das gelobte Land zieht. Im Religionsunterricht der Grundschule werden die einzelnen Begebenheiten auf dem Weg durch die Wüste in einzelnen Geschichten behandelt. Auf dem Arbeitsblatt A 53 wird deshalb nur im Gesamten vom Weg des Volkes Gottes durch die Wüste berichtet. Entscheidend ist die Aussage, dass Gott mit seinem Volk unterwegs war. Eine Landkarte mit der Sinaihalbinsel zeigt den Weg des Gottesvolks durch die Wüste, den die Kinder nachzeichnen können. Wenn sie noch andere Geschichten kennen, die den Israeliten unterwegs begegnet sind, können sie diese mit einem Punkt o. Ä. auf der Karte lokalisieren.

A 54 Wallfahrt

Das Arbeitsblatt A 54 macht deutlich, dass wir heute als Kirche das Volk Gottes unterwegs sind. Dies wird in Gemeinden durch Wallfahrten erfahrbar. Den Kindern wird zunächst erklärt, was eine Wallfahrt ist. Dann kann die Klasse miteinander eine Wallfahrt planen und jedes Kind kann in die Kästchen auf dem Arbeitsblatt eintragen, wie es sich diese Wallfahrt vorstellt.

A 55 Mit der Kirche unterwegs

Das Arbeitsblatt A 55 stellt in einem lateinamerikanischen Kirchenlied, einem Wallfahrtslied noch einmal das Volk Gottes unterwegs vor Augen. Durch seine klare Gliederung und den Refrain »... sind wir unterwegs zu dir«, bietet es sich an, dass die Kinder eigene Liedverse ergänzen. Vielleicht ist es auch möglich, eine gemeinsame Melodie für dieses Lied zu finden. Es kann auch chorisch gelesen werden: Eine/r liest den ersten Teil eines Verses und alle antworten immer mit dem Refrain.

Collage – Unterwegs zu dir (Gemeinschaftsarbeit)

Material: Tonpapier, großer Bogen weißes, rechteckiges Papier, Scheren, Klebstoff.

Aus braunem Tonpapier wird ein Kreuz geschnitten und dasselbe an der oberen Seite des hochrechteckig gelegten weißen Papierbogens befestigt. Alle machen jetzt aus buntem Tonpapier viele Figuren, die sich von unten her, von rechts und links auf das Kreuz zubewegen.

Man kann das Kreuz auch in die Mitte eines quadratischen Untergrunds kleben und die Figuren von allen Seiten auf das Kreuz zugehen lassen. Dann muss bei den Figuren nur die deutliche Ausrichtung auf die Mitte hin zum Ausdruck kommen.

Wegbegleiter

In diesem letzten Abschnitt wird verdeutlicht, dass wir unseren Lebensweg nicht allein gehen, sondern Wegbegleiter durchs Leben haben und immer wieder um Gottes Segen bitten dürfen.

A 56 Wegbegleiter durch mein Leben

Das Arbeitsblatt A 56 zeigt auf, dass die Kinder in ihrem Leben bis hin zur Grundschulzeit schon viele Wegbegleiter/innen hatten. In den aufgezeichneten Lebensweg schreiben sie in die leeren Kästchen zu den jeweiligen Lebensstationen, wer da ihre Wegbegleiter waren.

A 57 Tobias und Rafael (Text)

Das Arbeitsblatt A 57 erzählt in der Geschichte von Tobias und Rafael, wie Gott dem Menschen Wegbegleiter mit auf seinen Weg schickt. Diese Geschichte kann in eine Unterrichtsreihe zum Thema »Engel« eingebaut sein.

Der Psalm 91 verdeutlicht noch einmal im Gebet, dass Gott den Menschen nicht im Stich lässt sondern ihn beschützt.

In beiden Texten können die Kinder die Stellen unterstreichen, in denen von Engeln als Wegbegleiter und Beschützer die Rede ist. Diese Aussagen werden an der Tafel gesammelt und im Unterrichtsgespräch verdeutlicht, was damit gemeint ist.

A 58 Tobias und Rafael (Bild)

Das Arbeitsblatt A 58 greift noch einmal die Geschichte von Tobias und Rafael auf. Die Kinder können hier beschreiben, was sie sehen und herausarbeiten, wie der Künstler den Schutz Gottes durch seinen Wegbegleiter dargestellt hat. Dann können sie nach ihren Vorstellungen das Bild farbig gestalten.

A 59 Ich bin bei euch alle Tage

Das Arbeitsblatt A 59 erzählt zusammenfassend, wie sich Gott in der Bibel als der »Ich bin da« darstellt: in der Offenbarung seines Namens an Mose, in der Zusage Jesu »Ich bin bei euch alle Tage« und in der Aussage, dass er uns den Heiligen Geist als Beistand schickt.

Im Unterrichtsgespräch sollen diese Aussagen herausgestellt und dann im Lied »Das wünsch ich sehr« noch einmal als Wunsch zum Ausdruck gebracht werden.

Tanzbeschreibung

Schrittfolge: halbe Noten. Alle stehen im Kreis.
1. Teil: Alle heben die Arme bittend nach oben und drehen sich um sich selbst im Kreis.
2. Teil: Alle reichen sich die Hände.
3. Teil: Alle gehen vier Schritte in die Mitte.
4. Teil: Alle gehen wieder vier Schritte nach außen.
Als Kanontanz kann das Lied in zwei bis vier ineinander gestellten Kreisen getanzt werden.

A 60 Segen

Der Wunsch, dass Gott uns auf unserem Lebensweg begleiten möge, wird im Segen deutlich. In einer Übung, in der sich die Kinder gegenseitig die Hände auf den Kopf legen wird zunächst erspürt und hinterher besprochen, ob es gut tut, wenn man sich gesegnet weiß.

Das Arbeitsblatt A 60 bietet verschiedene Segenssprüche und ein Segenslied an. Die Segenswünsche werden laut vorgelesen und miteinander verglichen. Vielleicht können die Kinder von zu Hause noch weitere Segenssprüche oder -lieder mit in den Unterricht bringen. Die leeren Zeilen des Arbeitsblatts lassen den Kindern Raum, ihren eigenen Segenswunsch aufzuschreiben.

Tanzbeschreibung: Der Herr segne ...

Schrittfolge: Dreiviertelnoten, Aufstellung: Alle stehen im Kreis.
1. Teil: Alle strecken in einer Segensgeste die Arme nach vorne, die Handflächen zeigen zum Boden.
2. Teil: Alle heben die Arme bitten nach oben, die Handflächen drehen sich ebenfalls nach oben.
3. Teil: In der oben beschriebenen Geste drehen sich alle um sich selbst.
4. Teil: Alle bleiben wieder stehen und senken die Arme.
Dieser Tanz kann als Kanontanz in einem Kreis getanzt werden, wobei immer die ersten, zweiten, dritten und vierten Stimmen in gleicher Reihenfolge im Kreis nebeneinander stehen.